マリリン・モンロー 魅せる女の言葉

高野てるみ

PHP文庫

○本表紙図柄＝ロゼッタ・ストーン(大英博物館蔵)
○本表紙デザイン＋紋章＝上田晃郷

美しいことと、女性らしさは永遠のものであり、
あれこれ細工するようなものではないと思うの。
性的な魅力というのは、もともと、あるものであって、
作り上げていくものではないと。
なんと言っても、
いかに女性らしくあるかということが基本よ。
ごく自然に自分から誘いかけていくことで、
初めて性的な魅力も出てくると思うの。
ほとんどの人たちが、そこをわかってはいない。
本当の芸術というものは、全てそこに根源があるというのに。

はじめに

セックス・アイコンにとどまらない、時代のシンボル的女優

マリリン・モンローは、20世紀を代表する著名なスター女優です。
36歳でこの世を去り、惜しまれ続けて半世紀以上が経ちますが、世界を跪《ひざまず》かせたカリスマ性、誰にも真似のできない生き方は伝説となり、人々の記憶の中で輝き続けています。

彼女の出演した映画は14年間で30本近くあり、彼女の輝きは今も観る者を魅了します。その非凡で神が創りあげたような肉体は、多くの男性を幸せな気持ちにすることができると言われ、１９５０年代から60年代初頭、映画界初の「後ろ姿で魅《み》せる女優」として、トップスターの座に燦然《さんぜん》と輝きました。

肉体に加え、ブロンドの髪と天使を思わせるような愛らしい笑顔が、健康的なセ

ックス・アピールを感じさせ、当時の男たちの願望を叶える稀代《きだい》のセックス・アイコンと讃《たた》えられます。

それにとどまらず、20世紀という時代のシンボルとしても記憶されています。20世紀の歴史を刻む映像の中に、時代を動かした男たちに混じって、シンボル的女優として登場する彼女の姿は、多くの大衆の眼に焼きついているはずです。

例えば、第二次世界大戦後の朝鮮戦争終結の際、朝鮮に駐留していた何千という米軍兵士たちを新婚旅行中だというのに単身で慰問《いもん》。歌っているシーンは圧巻《あっかん》でした。また、ケネディ大統領の45歳の誕生祝賀会がマジソン・スクエアガーデンで行われた時のスペシャル・ゲストとして出席、お祝いのパフォーマンスを披露し華を添え会場を魅了しました。歴史的エポックに、その姿が刻印された唯一無二の女優と言っても過言ではありません。悩殺のセクシー女優、天才的コメディエンヌ、ブロンドのファム・ファタル（運命を左右するほどの魔力を持つ女）、三度の結婚・離婚、ケネディ兄弟とのロマンス、そして非業の死などなど……。（私などは少女の頃、モンローのような女性でないと恋をする資格がないものと信じていて、〝マリリン・

コンプレックス〟を持っていたくらいです）彼女の人生は、生まれてから死ぬまで、映画以上にドラマチックで、いつも話題の中心でした。

そのエネルギーの源は、幼いころから両親の愛に恵まれずに育ったコンプレックスや不安の反動とも思えるもので、孤独で悲しげな心の持ち主である反面、それを克服するために、あえて大きな目標に挑戦する、生命力溢《あふ》れる強さも持っていました。それが独特の魅力となって人を惹《ひ》きつけるのです。

「魅せ」たい、愛されたいという渇望が女優への原動力

女優となって「魅せる」ことは、社会から認められることなのだ、魅せたい、愛《め》でられたいという気持ちが、彼女をトップの座まで押し上げました。それが叶えられたことは彼女にとっての勝利でした。そして、彼女が渇望したものはいつも、名誉や名声、財力、財産、権力ではなく、「愛」だったのです。

「愛を求める」ことは、彼女の生きている証でした。そして、「誰からも愛される女」になるための生き方を貫こうとしました。そのためにも、世界的女優になる

ことをめざしたいと思ったのです。

自分らしい女らしさを発揮して多くの人を魅了したい。愛されるために生きるのだ、と。

彼女の野心は、いつも少女が抱くものに等しく、まっすぐで強いものでした。子ども時代に普通の家庭の子どもがもらうはずの愛を与えられなかった分、いつかそれを取り返したいという気持ち。この埋め合わせを自分の力で獲得すること、そこに遠慮や躊躇《ちゅうちょ》はありませんでした。世の中に認められ著名なスターとなったことは、アメリカンドリームの成功者の証でもありました。

まだ世の中が男性優位であった時代の中で、女性が男性と肩を並べて働ける「女優」という職業で成功したことは、女性たちの羨望《せんぼう》の的にもなりました。モンローは成功を果たしたサクセス・ウーマンでもあったのです。

「今から思えば、私はずっとお呼びでなかった。本当に長い間、そう、あの可愛い召使の少女には見向きもされなかった。そして、今になって私を欲しがっている連中には罰が下ればいいのにという奇妙な気持ちになっている」

苦労を乗り越え登りつめた想いのモンローが残したこの言葉に、リアルな痛々しさも感じますが、少女チックな〝復讐の想い〟は、かえって微笑ましくもあり、憎めません。映画界に力を持つ男たちを選び抜く嗅覚は、本能的なもので、自分に愛をくれるはずの才能ある男たちを引きよせる性的魅力も天性のもの。マリリン・モンローという名の、無邪気な野心家。生まれながらのファム・ファタルと言えましょう。

誰か一人のものにはならなかった本物のスター

この稀代のスターが誕生して世界を跪かせることは、運命的なことだったとしか思えません。

ですから、名声を得てから、過去に一度結婚と離婚の経験があったにもかかわらず、高名な才能ある男たちと再婚と離婚を繰り返し、それぞれ蜜月は味わうものの、三度の結婚を長続きできなかったのも、女優として生きる彼女の宿命だったのではないでしょうか。しかし、結婚できたという幸せに喜びを隠さなかったことは、とても女らしい素直な側面でした。有名女優になったからこそ、得られた幸せであると信じていたようです。

「私は、幸せになるということには縁がないものと、ずっと考えていた。でも、結婚したことで、その考えが変わったと思う。名声を得た私は、それまでで、最高に素敵な男性二人と出会い、結婚することができたの」

が、その幸せには常に不安がつきまとい、破局した時は、「私は幸せに慣れていないのね」という言葉で、自他ともに納得させています。

結局、彼女は映画に恋して、映画と〝寝て〟、映画と結婚した女なのです。

自分を観て欲しい、そのためにも女優でいなくてはならない。そうでなくては水をもらえない花のように萎《しぼ》んでしまうということが、よくわかっていたのです。誰か一人の男のものになることは許されない。いえ、自分がそれを許さなかったのです。

そう考えると、自分の家族、実の父や母にも帰属しない人間であることも必然です。本物のスターであるために生まれてきた女、マリリン・モンロー。

マリリン・モンローと言ったら、誰もが想い出す、あのシーン。

NYのメトロの地下から吹き上がる風に、白いドレスの裾《すそ》がめくれあがって、下着を見られないように、必死で抑え込みながらも、見事な脚線美を見せつけるという。代表作『七年目の浮気』の極めつけのシーンでしたが、この作品をはじめとして、彼女は様々な若いセクシーな女を演じながら、世の男性たちに勇気を出させ奮起させる魔法をかけてきました。

彼女は愛されるだけではなく、人々を愉しませ幸せにするために、この世に生まれた華でもあったのです。

女らしさを輝かせるのは、誇らしい男らしさ

どれくらいの男たちに自信を持たせたことか。彼女は、愛されたいと願いながらも、男たちを愛してあげたい気持ちに溢れていたのです。

それが彼女の、女優としての使命ではないかというほど、いつも本気で果敢《かかん》に取り組んでいました。

「女らしさというものは、こういうことよ」と、可愛く女らしく演じながら。

さらに、男性に都合の良い、「可愛くてちょっと頭の弱いブロンド娘」という女性像を演じることに納得せず、自分で映画会社を立ち上げて、「女性らしさから自然に滲み出す性的魅力のある女」に挑んだということは、意外に知られていないようです。そういう点では来たるべき時代を予知するかのように、新しい女らしさを模索した、進んだ才能の持ち主でもありました。この1冊をまとめるにあたって、私自身も彼女の再確認と再評価ができたことは喜びです。

愛があれば輝ける、愛されるために何をする？　と、スクリーンから、ブロンド色のオーラを出して問いかけ続けた天晴《あっぱれ》な女優マリリン・モンロー。

これからご紹介するのはそんな彼女の、36年を生きた証である60の言葉です。女として、女優として「魅せる」ことの本気の努力、愛されることへの憧れや渇望、不安、喜びと失望、そして希望、愛することの素晴らしさ、難しさ、危うさなどなどが痛いほど感じとれることでしょう。きっとマリリン・モンローがどんなに愛すべき人間だったかわかるはずです。そうして、マリリン・モンローを愛する人がまた増えたなら、きっと、彼女は喜ぶことでしょう。

マリリン・モンロー
魅せる女の言葉

目次

第2章　ファム・ファタル　恋を引きよせる、永遠の愛を信じて

第3章　スピリット　まっすぐで強い、少女のように自由奔放　142

第1章

Chapter1 / Blonde

ブロンド

女優としての野望、魅せる女になるために

誰も彼女を見出したりしていない。彼女は自分でスターの座を築いたのだ。

ダリル・ザナック（映画プロデューサー／脚本家）

生身のマリリンからセックス・アピールは感じたことがないが、スクリーンに映し出されると、そこから彼女の性的魅力が発散される。

ジョン・ヒューストン（映画監督）

マリリンは喜劇女優として天才的な才能に恵まれていた。滑稽《こっけい》な台詞をしゃべるための、特別な感覚があった。

ビリー・ワイルダー（映画監督）

彼女は、ガルボやチャップリンに並ぶ天才であり、奇跡だ。

ジョシュア・ローガン（映画監督）

マリリンは、苦しみなどとは無縁の「看板娘」であり、悩みや不安を超越した、永遠に若い性の女神であって、ふつうの人の手の届かない、神話のなかにでもいるような存在だった。

アーサー・ミラー（劇作家／M・Mの三番目の夫）

至上最高の女優。

ジャン＝ポール・サルトル（小説家）

1

好感

私のこと好き？

口に出さなくても、写真から、映画から、そのまなざしや態度で、そう確かめているようなマリリン・モンローの表情。セクシーなだけではなく男も女も虜《とりこ》にするマシュマロみたいな印象。独特のベビーフェイスで天使のような求心力の強い眼力《めぢから》。それらには、幼いころからの愛を求めてやまない心の叫びが隠れているのだと言うのは、夫であった劇作家アーサー・ミラーです。

幼少期、親の愛に恵まれず、不安な気持ちで成長した人間独自のものであると。また、それが一種の魅力となって人々を強く惹きつけるということも。

しかし、そういう生まれ育ちでなくても、人には誰にでも、常に人から好かれているのか、愛されているのか確かめたくなる自然の欲求があるものです。

欲張りかもしれないけれど、愛をたくさんもらえていても、より愛されたい。愛してくれる人がたくさんいても、もっとたくさんの人に愛されたいと思う気持ち。女性なら人一倍、この欲求があるはずです。モンローは自分に正直に、女としての最高の幸せ、愛される女をめざしました。女優となって、人々を魅了し、知り得ない人たちからも愛されたいと渇望したのです。

2

挨拶

ハーイ、私、マリリンよ。

愛されること、愛でられることが仕事のスターたちは、オフタイムとなれば人の眼を逃れ生きていく宿命を背負います。反面、気づかれないことの失望と不安で、常にこのジレンマと戦う複雑な生き物のようでもあって。

大スターの座を獲得してからのモンローが、プライベートで外出する時は、ノーメイクにサングラス、スカーフを顎《あご》のところで結ぶバブーシュカと呼ばれるスタイル。「マリリンじゃないですか?」と尋ねられたら、「あー、あの、お綺麗な方のこと?」と、煙に巻くのがお上手だったとか。

NYにいる頃の親しい友人で詩人で劇作家のノーマン・ロステンは、モンローによく誘われ、オジサンとオバサンカップルに変装し、難関突破して人目を逃れるスリルを楽しんだとか。素顔はとにかくお茶目で、楽しい気持ちにしてくれるのがモンローの魅力のひとつだったと言います。

二番目の夫であったジョー・ディマジオが、新婚旅行で来日時、集まる報道陣やファンのお目当てが、ほぼ100パーセント、米野球界のヒーローの自分ではなく、モンローだっただと知るや結婚に不満を持つ様になった話は有名です。

焼きもちも半端ではなかったようで、それだけ、モンローの桁外《けた》れの人気に圧倒されたということでしょう。ちなみに、次なる夫アーサー・ミラーは、モンローと共に群衆にとり巻かれることも多々ありましたが、ジェラシーなど感じることなく、ただただ映画界のスターというものは、聞きしに勝る求心力の持ち主であると感嘆。いつも彼女の守り役になり、仕事を中断した程でした。

モンローが『ショウほど素敵な商売はない』の撮影時、スタジオを訪れた映画・演劇関係者の面々に、「私がマリリンよ!」と耳元に囁きながら挨拶。

花のついた大きな帽子、大きなイヤリング、9センチのハイヒール、赤のマニキュア、黒のビキニに水玉模様の赤いペチコートをつけフリル一杯のスカートを巻いたいでたちのブロンド美人が、『ヒートウエーブ』を歌い踊る姿は、誰も見逃すはずもないのに、ね。

そんな、「私を、愛してくれるかしら?」という気持ちを込めて確認を求める挨拶には意味があり、彼女が「M・M」でいる時は、いつも真剣勝負中。

何とも愛らしいセルフ・プロモーションの才も、彼女の魅力のひとつでした。

ブロードウェイで人気を博した『アニーよ銃をとれ』の主題曲『ショウほど素敵な商売はない』をタイトルにして映画化。すでにブレイクしていたモンローが、ボードビルの女王エセル・マーマンと共演、歌と踊りで彼女と遜色のないところを披露。舞台版にはない役柄でモンロー自身を髣髴とさせる。

『ショウほど素敵な商売はない』監督　ウォルター・ラング／出演　エセル・マーマン、 ドナルド・オコナー、ミッチー・ゲイナー、マリリン・モンロー、ヒュー・オブライエンほか／ 1954年／アメリカ／ 117分／カラー／第27回アカデミー賞・原案賞・作曲賞・衣装デザイン賞ノミネート

3

女優

私は完全に私の望むままに仕事ができる。
なぜなら、
女優になることが
小さな頃からの一番の願いだったから。

実の父親に見捨てられたうえ、実の母親は精神を病み、入退院を繰り返していて、里親の家を転々として、孤児でもないのに孤児院での生活を余儀なくされ不遇であったと自ら語るマリリン・モンロー。いつも、一人ぼっちで、自分は必要とされていないのでは、という疎外感《そがい》一杯の少女だったそうです。

肉親から愛情をたっぷりもらえなかった分の埋め合わせを、自分で勝ち獲り、幸せになりたい！　母親も憧れていたというハリウッドで女優になり、普通の子どもたちが一生かけても得られないような大きな愛に包まれたい、世界が跪くような有名なスターになることは、いけないことなんかじゃないと信じます。モンローに限らず、不遇の身の上から大スターになった男女は少なくありません。その出自を隠さず、むしろ強調され、成功者となるための理由づけのように掲げることが誇らしげであったりします。

また、実際の自分より、より幸福な女性や、もっと不幸な女性など、様々な女の人生を女優になって演じてみたい。そんな気持ちが人一倍であったのも、彼女の境遇あってのことでしょう。

4

ピアノ

幼い頃、私はあのピアノのそばにいる時が、一番幸せだった。

マリリン・モンローの実母はグラディス・ベイカーといい、実父は母が勤めていた映画の現像所出入りのセールスマンで、C・スタンレー・ギフォードというクラーク・ゲーブルばりの好男子だったとか。グラディスがギフォードと恋に落ち、モンローを身ごもった時期には、未だモーテンセンという夫がいて、彼と離婚してギフォードと再婚するつもりでしたが、叶いませんでした。よって、モンローは私生児になってしまい、一時ノーマ・ジーン・モーテンセンと命名されますが、グラディスが離婚後は、ノーマ・ジーン・ベイカーとなります。

母親はシングル・マザーとして働き、ノーマ・ジーンを育てるため、知り合いのボレンダー家に預けて毎週末には会いに来るという生活でした。その間、娘には授業料を送ってピアノを習わせていました。

ノーマ・ジーンが6歳の頃、母親は、ハリウッドにある小さな白い家を購入。中古の白いピアノも揃えて娘を迎えます。初めての母子水入らずの蜜月が訪れました。しかし、幸せは長続きすることなく、母親は精神を病み病院で療養し入退院を繰り返します。モンローは再び里親に預けられ、里親の都合で孤児院での生活を強いられることもありました。

幸せだった1年は、彼女にとっての夢のような思い出。以来、モンローにとって、生涯一番好きな色は白なのだそうで、その白いピアノは、彼女の幸せの象徴で宝物となったのです。

「食べるお金が十分なかったときでも、倉庫にピアノを保管しておくお金だけは借りたわ」と語っているモンロー。

スターとなった後の住まいにも常に置かれていた白いピアノで、ベートーベンが好きだったというモンローですから、名曲『エリーゼのために』を弾いたりしたのでしょうか。

ブロンド・ヘアにする前のブルネットのモンローは、ピンナップ・ガールとして健康的なセックス・アピールを発揮。18歳のティーン・エイジャー時代にモデルとなり、ジーンズを上手に履きこなしていたことでも注目された。
Photo12/amanaimages

5

ブロンド

なかなか自分自身に慣れなかったわ。
でも、それでモデルの仕事が
うんと増えたの。

モンローに、特別なセックス・アピールがあると見抜いたのは、ミス・スナイブリー。ロスのモデル・エージェントの強者です。

彼女の写真に眼をとめ、モデルとして磨くためにスクールに通わせ、本格的レッスンを受けさせたのも彼女でした。授業料がないと言うモンローに、そのためにもモデルをして、そのギャラでスクールに通うよう指導し、仕事をすることや働く意味を教え込みます。最初はカタログなどのモデルとして売り込むも、なぜか受けが悪い。その理由がセックス・アピール旺盛《おうせい》なボディ、肉体にあり！　だというのですから、やり手のスナイブリーは素早く方向転換。モンローに水着のモデルを勧めます。そのうえ、「成功するつもりなら、ブロンドにしなきゃダメ。撮影の時のライティングで濃淡の変化がついて輝くから」と、アドバイス。イヤイヤ髪を漂白したモンローでしたが、効果は抜群で次々と仕事が舞い込んだそうです。「グラマーな仕事、セクシーな写真の仕事ばかりだったけど」と。当時はそれでも嬉しくお茶目に受けとめていたマリリン。それにしても、紳士は本当に金髪がお好き！　なようで。

ブロンドは、スターの証！　と言われ、どれほどのスター女優がブロンドに染めているのか、はたまた天然なのか？　モンロー同様、正直にカミングアウトしているのは、彼女を尊敬もしていたフランス産セックス・アイコンとなったブリジット・バルドー。「ブロンドに染めた私は、ライオンのように輝いていた」と、その変身を誇ります。金髪ではないカトリーヌ・ドヌーブなんて考えられないですが、彼女も天然ではないそうで……。

ゴシップ記事的に今も語られるのが、モンローが盲腸の手術を受ける時の話。看護師たちは下世話にもモンローのアンダーヘアがブロンドかどうかを品定めしたそうです。本人は手術の傷口を小さくして欲しいと執刀医宛にお願いメッセージをしたため、レターをお腹に貼って手術に臨んだという涙ぐましい逸話まであるそうで。野次馬根性、失礼千万です。いずれにしても、「魅せる」ためのスターのプロ精神には、体を張った涙ぐましい努力が強いられるもののようです。

歌や演技だけでなく、理想の女らしい肉体づくりのためヨガやストレッチを欠かさなかったモンロー。完璧な女らしい肉体は特別なもので、彼女をマッサージしていたラルフ・ロバーツは、彼女の身体は人より生命力、電磁気的エネルギーが強く、跳ね返る弾力が人一倍強かったと。
Bridgeman/amanaimages

6

離婚

そのとき私は、
自分が女優になりたいことを
はっきりと知ったのです。
そして、もしかしたらモデルをすることで、
そのきっかけを掴むことが
できるのではないかと。

授業料を払って、モデルになるためのレッスンを受け、髪もブロンドに染めて少しずつ仕事を増やしていったモンロー。

以前から抱いていた女優になる夢に近づけるのではという予感も抱き励んでいました。が、夫であるジム・ドアティが賛成することはなかったのです。

「演技のできる美しい女なんて世の中には山ほどいるし、ハリウッドはその手の女たちで溢れている。彼女たちは皆、仕事を探しているのさ。君が彼女たちより少しでも優れていると考えるわけは、何なんだ」と、全面否定。

まあ、言い得て正論、身内だからこその言葉でもあります。

が、モンローにとっては絶対に許せない発言でした。

夢を砕き、気持ちを挫《くじ》くものだ、と。私の気持ちを感じてもくれないし、理解もしていないと失望します。

16歳になったモンローは、孤児院など施設の暮らしより、結婚相手を見つけての生活を薦められ、ジム・ドアティと結婚します。後に『紳士は金髪がお好き』で共演する、女優のジェーン・ラッセルも通っていたという高校の先輩で、学園のヒーロー的な存在であったというドアティ。幼な妻、モンローは結婚生活では申し分のない良き妻だったと語ります。人への気遣いや、もてなし、料理など自慢できる妻。一緒に出歩けば、新妻の美しさは人目を惹き誘惑も多かったと回顧《かいこ》しています。

しかし、蜜月は永くは続きません。「亭主は元気で留守が良い」と言われる日本とは真逆のアメリカのカップル社会の中で、しかも若く美人の妻を家に閉じ込めておくなんて土台無理な話です。

第二次世界大戦が始まる頃にはドアティは海軍の徴用船員として働きに出てしまい、クリスマスでさえ妻と一緒にいることはなかったそうです。

夫へのラブ・レターを熱心に書いては送っていた優しい妻のミセス・ドアティは、日に4通も書いたことさえあったとか。

彼女も軍事工場で働き、パラシュートの点検作業を仕事にしながら、夫の帰りを待つ良き妻でしたが、そこで、戦争の士気をあげるための〝戦争に貢献する若い女性〟特集記事のモデルを頼まれます。健康的で色気のある美人ぶりに注目が集まるのに、また、モンローが広い外の世界へと目を向けるのに時間はかかりませんでした。

見捨てられた子どもの頃を思い出すのか、一人でいることが何より恐いこともあり、ピンナップ・ガールとしての仕事の依頼が続く頃は、夫に頼らず自ら稼いだお金で人生を切り開いてみたい、女優になりたいという野心も膨らませていったのでした。

ドアティと離婚してでも、新しい世界の扉を開けることを選択したのです。強い意志を持って。

夫へのお別れの手紙を書く頃に記した名前は、すでにノーマ・ジーンではなく、マリリン・モンローでした。

マリリン・ミラーという往年の女優と、母方の祖母のモンロー姓をつけ、映画会社が命名した女優に生まれ変わっていたのです。

7

勉強

他の女優さんたちの
やっていることを見るために、
撮影所で開かれる試写会には
かならず行きました。

母親が映画会社RKOの現像所で働いていたこともあり、映画の世界に強く惹かれる少女だったモンロー。近くの映画館で銀幕のスターたちが登場する映画を観ては、心ときめかせていました。そこで何度も観ていたクラーク・ゲーブルと、後に共演する女優になるなんて、その頃は夢にも思っていなかったでしょう。モデルを経て、どんな小さな役でもいいから映画に出てみたいと願います。彼女の写真に最初に眼をとめたのはRKO社長のハワード・ヒューズだったとか。が、先にカメラ・テストをしたのは当時、ダリル・ザナックが幹部製作者であった20世紀フォックスでした。先手必勝のチャンスに賭けたモンローは、20世紀フォックスの新人スターに。実際はチョイ役までもいかない役柄で、ともすれば完成時にはカットされることも多い中、出演できただけで幸せな気持ちになれるのでした。多くの人の眼に触れることは、認められることだと信じる一途な気持ち、彼女の願いはゆるぎないものでした。そのためにできることは何でもした努力家で、先輩や大物スターの映画をたくさん観る必要があったのです。何よりの勉強でした。

8

若さ

人間の肉体は、
少しも恥ずかしいものではないし、
私は家賃を払わなければならなかったの。

40年代後半の20世紀フォックスにスターの卵として雇われていた時代から、20歳になった頃のモンローは、すでに記者たちと友好的な関係を作っていました。彼らが自分に注目してくれることは、自分にとっての喜びでもあるし、彼らの仕事の糧にもなるのだから、共存共栄できる関係である、そのことに気づいている「賢い女の子」になっていたのです。

彼女を初めて記事にして紹介したモンローのお気に入りのコラムニスト、シドニー・スコルスキー。彼が車を持っていないことを知ると、映画スタジオまで送ってあげるたくましさや気働きがあるなんて、大したもの。新聞ネタに留まらず、雑誌のグラビアを飾る華のある存在でしたから、引きも切らず写真家や雑誌編集者が、彼女の取り巻きになるのに時間はかかりませんでした。

彼女を一挙に有名にしたのが、53年に男性誌『プレイボーイ』を創刊させたヒュー・ヘフナーで、表紙にマリリンを起用、加えて中面には49年、マリリン23歳の時に撮影されていたカレンダー用のオール・ヌード写真も掲載。53年という時代であっても、まだまだ衝撃的で大きな話題をさらいました。

ヌード写真が世間の知るところとなった49年当時、メジャーな映画スタジオで売り出し中の新人女優が、ヌード・モデルをしていた過去があると騒ぎになりました。評判を気にした会社側は、必死の思いで本人であることを否定するようモンローに命令。しかし、モンローは逆に、むしろはっきりと認めて機知に富んだ名言を残すのだから、これぞ大物の兆《きざ》しは充分でした。

肉体は嫌らしいものでも、恥ずかしいものでもないから見せてあげたかったと言い、あっけらかんとした明るさを印象づけ、加えて家賃のためという、若者らしい率直さが大うけ。世間からの好感度はアップし名前が知れわたります。彼女の確信犯的セルフ・プロモーションの勝利と見るか、あるいは、おおらかで潑剌《はつらつ》とした肉体が旧時代の性の価値観に風穴を開け、来たるべき時代を予感させる若さを標ぼう、勝利の女神がほほ笑んだのだとも言えそうで。

この事件、何の実害もなく、みんな幸せになりましたとさ、という声もどこかから聞こえてきそうでもあり……。モンローって、たいした大物のカワイコちゃん！「小さな巨人」の器だったことも事実。お見それしました。

ブロンドの若い女優なら他にも大勢いるが、童顔なのに身体は成熟し、グラマーでロリコンチックなモンローの魅力は特別。さらにスクリーンでその魅力が倍加するというのだから、天性の女優と言える。本作で、脇役ながらスターを予感させるオーラで魅了。力のある映画関係者たちも大注目。

『アスファルト・ジャングル』監督　ジョン・ヒューストン／出演　サム・ジャフェ、スターリング・ヘイドン、ルイス・カルハーン、マリリン・モンローほか／1950年／アメリカ／112分／モノクロ

9

道化

私は自分を道化に見せて、
そのたびに、自分の夢を
一片ずつ削り獲っていくの。

「世界一有名なスター」の座へと駆け上がって行き、53年にはブレイクを果たすマリリン・モンロー。「お馬鹿でセクシー」なブロンド女優にして、愛すべき稀有なコメディエンヌ。50年代経て60年代を代表するセックス・アイコンとして知られ、何千、何万という大衆に愛でられる存在として名を残すことになるのです。そして、私生活の彼女の実像・素顔まで、そうであるように印象づけられていきます。イメージを払拭したくても世間はそれを許さない。完璧に作り上げられた偶像でした。

胸が大きい女性は、おつむが弱い。色っぽい女の頭の中はセックスのことで、いつも一杯。しまいには、女は子宮で考える！　などなど。男性中心の社会での、論拠のない風説がまかり通っていた、その時代。戦後の50年代に女性の社会進出が盛んとなったアメリカでも、この女性像はまことしやかに語られ、同性までもそう信じていたのです。

20年代に遡ればクララ・ボウ、30年代ならジーン・ハーローなどなど、時代を代表するセックス・シンボルとなった女優は有名ですが、映画会社は彼女たちの次世代スターとして、モンローに白羽の矢を立てたのでした。

そうなると、遠い記憶の中に浮かんでくるのが、日本には30年代にお目見えし有名になったベティ・ブープ、通称ベティさん。セックス・アイコンのアニメ・キャラがいたなんて、今思えば驚きです。日本のお茶の間に堂々登場して愛されていた！

20年代から、ウオルト・ディズニーと並んで人気作品を世に出していたフライシャー兄弟が作り出したキャラクターで、デコルテ部分を大きく露出したミニドレス姿、下着はいつもちらっと見えている。これほど色っぽいグラマーが、歌ったり踊ったり冒険したりと破天荒。

そのベティさんが、そのまま生身の女優になって人気者として登場したのかという印象が強く、衝撃であったモンローの存在。そう感じた子供は、私だけではなかったと思いますが……。

ウエイトレスがつけるフリルで縁《ふち》取られた白いエプロン姿や、それこそ『七年目の浮気』の、風にまくり上げられるワンピースのスカートを押さえて悶えるあの姿も、実はベティさんがヒントのように思えてなりません。

ベティさんは必ずお喋《しゃべ》りの後に「ブブッピ・ドゥ！（「Boop-Oop-A-Doop」）」ってため息交じりの言葉を発するんです。ぽってりとした唇をキスマークをつける時の様にすぼめて、ね（そのベティさんはまた、20年代に活躍した「ブブッパドゥ・ガール」と言われ人気の歌手ヘレン・ケインを真似て誕生したそうです）。

モンロー主演『お熱いのがお好き』で歌う、『あなたに愛されたいのに』でも、おまじないのようにその言葉が発せられると、どうしてもマリリンはベティさんのパロディだと思うしかない。二つの作品を監督したビリー・ワイルダーは、実写版ベティをモンローに託し、大成功したのでは？

漫画チックなお道化役は、モンローの天性のものだと、彼は明言してもいますし。肉体を最大の武器にして笑いをとれる、後ろ姿で初めて観客を魅了した、あの眼と唇だけで男をその気にさせる才能だとモンローは褒めたたえられました。

考えてみたら、彼女はお色気が売りとされている割にはベッド・シーンや絡みのシーンは出演作品の中には見当たらないのです。だからこそ、やっぱりセックス・シンボルとして鑑賞用、愛でられる存在を貫いたとも言えるのです。

肉体的にもデフォルメされたかのような曲線美は、創りものだと思われても仕方ないような奇跡のカラダ！「モンロー・カーブ」と呼ばれ、建築界でも彼女の曲線を活かした建物や家具が創られているのですから大したものです。

道化と言えば、あのチャップリンも笑いの帝王として世界中で知らない人はいない存在として歴史に名を残しました。実生活では社会派で、時代を皮肉った風刺的作品を自ら製作し、晩年はアメリカの映画界から離脱せざるを得ない道を選ぶことになるのです。

日本で言えば、カリスマ的文学者の太宰治も道化を盾にして、心ない社会に折り合いをつけようと、あがいた人生でした。自らの存在を小説にしながらも、傑出した才能を隠すかの様に道化を装い、奇しくもモンローの死に近い38歳で自らこの世を去りました。未完の作品を残したことも共通しています。

モンローは、ここに紹介した言葉どおり、非凡な肉体と才能で男性至上主義の世の中を生きるために「道化る」ことを武器にして、注目を集めたと言っているのです。セルフ・プロモーションに長《た》けた利発な女性だったのです。

今思えば、利口なことがばれないように、馬鹿を装う。このことに疲れてしまって、破滅的最期を迎えたのかもしれません。

彼女が生まれて90年以上が経った今、そう思えてならないのです。時代の枠にハマらない、革新的な女であったことが仇《あだ》になったとも。

さて、彼女が最も道化て最高の演技を見せたと言えば、今や伝説となったケネディ大統領45歳の誕生日パーティという大舞台。勝負をかけたパフォーマンスを見せつけました。

大統領は5月29日生まれですが、10日早い19日に開かれた祝賀会にハリウッドから駆けつけるモンロー。この日を祝って登場するスターたちの中でも目玉となる見せ場に賭けていたのです。

シースルー・ドレスと当時言われていた装いは、今で言うネイキッド・ドレスの究極でしょう。裸体を思わせるモンローの肌と同じような色の布地、肌を締めつけるタイトなデザインで、縫い付けられたスワロフスキー製の小さな玉は何千個と、手の込んだものです。当時の映像を見ると、もうその姿は妖艶《ようえん》と言うより天羽衣《あまのはごろも》を纏《まと》う天女の様。この世のものとは思えず息をのみます。下着を着けていないことも、誰の眼にも明らかでした。

誰もが何回も口ずさんだことのある、『Happy Birthday to you』をケネディ大統領のために替え歌にして、セクシーに歌い大歓声を浴びます。ケネディに、「こんなに甘い言葉でお祝いをしてもらい、今引退してもいい気分です」と言わしめ、大いに盛り上げました。それは、まるで二人の情事を暗示させ、誇らしげに見せびらかすようなスキャンダラスな瞬間でもあって、ケネディ大統領と共に永遠の歴史として刻まれたモンローでした。

しかし、彼女はこの日から3か月経たないうちに謎の死を迎えます。その翌年、ケネディも彼女の元へと旅立つことになります。

これもファム・ファタルたるモンローが招いた運命だったのか？　この秘密の恋は、歴史的謎のスキャンダルとして未だ語られるエピソードです。

家族を一足先に避暑に出かけさせた中年の編集者が、同じマンションに住む若い女性と束の間の浮気を妄想するスリリングな艶笑コメディ。多くの男性に勇気を与えた伝説的作品。モンローの明るいプロ根性は、身を挺して作品全体に華を添え、高い評価をあげることに大貢献。ラフマニノフのピアノ協奏曲第2番が使われ印象的。

『七年目の浮気』監督　ビリー・ワイルダー／出演　マリリン・モンロー、トム・イーウェル、イブリン・キース、ソニー・タフツほか／1955年／アメリカ／105分／カラー／第13回ゴールデングローブ賞・最優秀主演男優賞受賞

10

成功

やっとここまで来たのね。

監督のビリー・ワイルダーと製作者のチャールズ・フェルドマンが、『七年目の浮気』の完成を祝ってパーティを開きます。

１９５４年11月29日号『LIFE』誌の巻頭特集「『LIFE』パーティへ行く」に、その華やかな模様は堂々掲載！　明日のスター誕生!!　ここまで登りつめたモンローの言葉は短いけれど、大きな喜びが込められています。

モンローのために開かれたパーティには、ハリウッドの〝貴族階級〟の大物スターが勢揃いしていて、新生スターとなったモンローの映画界へのメジャー・デビューを心から迎えてくれたのです。ハンフリー・ボガート、ゲーリー・クーパー、グルーチョ・マルクス、ローレン・バコール、ロレッタ・ヤング、ローラン・プティなどなど、綺羅星《きらぼし》のごとくに集まった眩《まば》ゆいばかりの男女。頂点には、ダリル・ザナックをはじめ、ジャック・ワーナー、サミュエル・ゴールドウィンといった撮影所の幹部の権力者たち、社交界を牛耳《ぎゅうじ》っていた女性たちもいました。モンローは憧れのスターたちに囲まれる中、クラーク・ゲーブルに悪びれずサインを求め、その場を沸かします。

11

スター

こんな役をやらなければならないのも、
これを最後にして欲しいわ。
これからもくだらない映画で、
身体をくねらせつづけなきゃならないと
思うと、
映画の仕事なんか二度とやりたくない。

映画の撮影やマスコミの記者会見を控えて、いつもナーバスで神経過敏になり睡眠薬などに頼って不安を押さえていたというモンロー。

しかし、いざその時、その場になればスター、マリリン・モンローとなって、見事に堂々と受けて立つ潔さは、見事だった。そう語るのは、モンローがハリウッドで有名になっても満足できず、本格的女優をめざし師と仰いだリー・ストラスバーグの娘のスーザンでした。10歳以上も年上のモンローを姉のように慕って、眩い思いでスターの素顔を誰よりもよく知り、敬愛を寄せた一人です。

ストロボがたかれ、あたりが騒がしくなったとたん、不安が消し飛んでしまうのか、モンローはすべてを見事にさばいてしまうのだ、と。しかし、ことが終わればまた気持ちが一転、高く評価された『七年目の浮気』にまで自己嫌悪し、孤独感に陥ってもいたとも。見てもらいたい気持ちと対する嫌悪感。いつもそのジレンマに苛《さいな》まれる。それがスターというものなのかと、スーザンは憧れと恐れに幻惑されながらも、モンローにメイク、装い、嗜好品《しこう》、御用達《ごようたし》の店などの大人の女指南にもいたる、多くの影響を受けます。

12

演技

いつかニューヨークに行って、
演技を学ぶつもりなのよ。
それが一番の望みなの。

ハリウッド・スターとして大成功したモンローが、本格的演技派をめざすことなど誰が想像したでしょう。セクシーな演技で唯一無二の存在として、押しも押されもしないスターの座の頂点を極めていたのですから。

時にコミカルに、時に悲しげに、女性の持つ色気や可愛げな立ち振る舞いで魅了し、歌ったり踊ったりも巧みで、演技も優れていたのですが、いかにスターとして有名でも、真の演技者、表現者になりたいと野心を燃やします。

本気でハリウッドから離れ、演劇の本場ＮＹへと拠点を移すのでした。師と仰ぎ、信頼と尊敬をもって演技指導を願ったのが、独自のメソッドで多くの名だたる俳優を輩出していたアクターズ・スタジオを主宰するリー・ストラスバーグです。

門下生となったモンローは、彼だけでなく、妻のポーラ、女優でもある娘のスーザンとの交流も得て、家族同様の愛を注いでもらうのでした。そうなる前、初めてスーザンと出会った時に、自らを予言するかのように、彼女の父親から演技を学ぶことが最大の目標であることを熱く語ったモンローでした。

13

シリアス

みんな、私がシリアスな役もやれるなんて
思ってもみないんだわ。

『お熱いのがお好き』では、みごとゴールデングローブ賞で最優秀主演女優賞受賞。その他の出演作品もアカデミー賞候補になり、海外での最優秀女優賞の受賞も続き、モンローの人気女優としての栄誉はゆるぎないものに。『七年目の浮気』に続く大ヒットに、「モンロー無しではコメディは成り立たない。彼女の死後も、彼女に代わるコメディエンヌはいない」。そう、ビリー・ワイルダー監督が言うような金字塔《きんじとう》となります。しかしモンロー自身は手放しで喜ぶことはなく、男目線のセクシー女優像が高まることに脅威を感じるばかり。自ら映画製作会社を立ち上げたり、NYのアクターズ・スタジオで舞台女優の演技も身につける努力を惜しみません。例えば、J・ジョイスの小説『ユリシーズ』の詩的で官能的な性的魅力に挑戦。ボディペインティングしたかのような黒いヴェルベットのドレスでエロチックに試演するその姿は、過去演じたどの女優よりも勝っていたとか。そこには、あのハリウッドでの甘ったるい喋りは皆無。本物の女の色気で芸術の域に近づくことに夢中でした。

コメディから演劇の世界へと自らの可能性に挑み、新たな野心をたぎらせて。

14

本物

本物の女優になりたいのよ。
お金や名声はどうでもいいの。
初めて、私は私でいていいんだと
思えるようになれたから。

本格的演技の勉強のためＮＹに来て以来、モンローは自分を本気で受け入れ認めてくれる人物、リー・ストラスバーグとの出会いにより、人生観を大きく変えていきます。アクターズ・スタジオの創設にリーと共に関わった演出家で映画監督のエリア・カザンや、後に三人目の夫となったアーサー・ミラーとの交際も、モンローに新鮮な刺激を与え、感化されるものでした。

「まだ磨かれていないが、マーロン・ブランド以後、私が出会った俳優のなかで、彼女が一番の才能と素質がある。強い意志を持って訓練すれば本物になれる。何より彼女には、本物になりたいという希望があるから」と、太鼓判を押すストラスバーグ。「彼が褒めてくれることで周りの眼の色が、嘘みたいに変わるのよね」と、手放しに喜ぶモンロー。彼はまた、それまでのスキャンダル、ゴシップにも傷ついていない彼女の強さや感受性、学ぶことへのひたむきさなどについて、「水をくれる人をずっと待っていた花のようだ」とも言うのです。自分を知ることに目覚め、映画スターというプレッシャーから解き放たれ、生まれ変わったような日々を送るモンローでした。

これに反し、本物も偽物もないものだ、と映画監督のビリー・ワイルダーは言っています。

「モンローは自分自身を過小評価し過ぎでもったいない限りだ。セクシーなコメディは彼女の独特な言い回しによって素晴らしい効果が生み出される。彼女しかできない演技なんだ。稀代のコメディエンヌ、演技者と言って間違いない。それは、彼女が亡くなって以降、代わる存在がいないことで、よくわかる」

ブロードウェイのヒット作を映画化することが多かった当時、映画スターで有名になると誰もが、格上のブロードウェイでの演劇舞台を踏んでみたいと思い、モンローも例にもれずこの高いハードルに挑戦したのです。

ストラスバーグがそれに後押ししてくれることを期待もしました。

一幕を延々と台詞を間違えず演じる演劇と、ストーリーどおりではない順番に、ワンカットずつを演じる映画、両者はどちらが大変とか難しいとかは、一概には言えないと専門家たちは言います。

ちなみに、ストラスバーグの目標の一つは、ユージン・オニールの戯曲『アンナ・クリスティ』という有名な芝居の主演をモンローに演じさせること。敬愛するグレタ・ガルボ主演で30年に映画化もされたアカデミー賞ノミネート作品ですから、モンローはやる気満々。友人たちに嬉しそうに語り、野心を隠しません。ハードルを高くすることによって生まれる恐怖、これを克服することが自信に繋がっていく、そう信じて自らも女優を極めていったストラスバーグの娘のスーザンは、常に自身で生み出す恐怖にモンローが挑戦し、克服して行く姿を見て、共感と称賛を惜しみませんでした。

モンローはハリウッドのシステムの中で創られたスター女優なのだと色眼鏡で見ていたアクターズ・スタジオの門下生たちも、クリスティの演技には、かつて類を見ない拍手を贈ったということです。モンローの嬉しさは、計り知れないものとなります。ちなみに、お金は欲しくないと言うモンローですが、ハリウッドの彼女のギャラは、『紳士は金髪がお好き』で共演したジェーン・ラッセルの五分の一ほどで、大スターとなった時期でもエリザベス・テイラーの十分の一ほどだったと伝えられています。

15

裏切り

一番いい私のシーンをカットしたじゃないの。
私が泣きじゃくるシーンよ。
カットしないってちゃんと約束したのに、
カットしたじゃないの。

『バス停留所』の監督、ジョシュア・ローガンに裏切られたと感じたモンローの怒りの訴えです。

映画づくりは、監督が絶対君主。が、それに物申すモンローも真剣でした。自ら独立プロダクションを設立した彼女の立ち上げの作品で、『王子と踊り子』とともに、彼女のこだわりは並外れたものでした。

彼女の魅力を最大限発揮するにしても、それまでの映画会社の杓子定規《しゃくしじょうぎ》な男性目線のお色気美女役ではないイメージで、男を虜にする女らしい女。セクシーさはおのずと滲み出ることが大切で、そんな女性像を酒場の歌手シェリーに託しました。

網タイツ姿の脚線美が抜群でグラマラスな肉体は誰よりも色っぽく、ロデオ大会のために田舎から出て来た、ドン・マレー演じるカウボーイの心と体を優しく癒します。その姿はモンローの等身大ポスターにもなって、世界中で売れまくったものです。

それでも完全主義を貫こうとするモンローにとっては大不満。

『王子と踊り子』制作中の彼女を激励しようと、わざわざロンドンまで訪ねて行った監督でしたが、モンローは控え室に閉じこもり絶対に会おうとはしなかったそうです。作品はモンローの代表作となったにもかかわらず、名監督も彼女からするとただの「裏切り者」の男！　になっていたのです。

彼女と組んだ監督は皆、当惑させられっぱなしで、最初は彼女と仕事がしてみたいと期待するわけですが、一筋縄ではいかないというのが、マリリン・モンローという女優。そういう難しさも評判の一つで、ハードルが高ければ高いほど価値も高くなるという戦略もあったかと思われます。

しかも出来上がると苦労の甲斐あって、監督や映画会社が舌を巻くほど良いものになる。大変なプロ、出来上がりを読むことができる女優と感嘆もされました。ところが、皮肉なことに世間的評判の作品でも、彼女にとっては、さっぱり納得できないということになってしまう。

ちなみに、モンロー独自の評価で言うと、

「『アスファルト・ジャングル』が一番。最悪は『恋をしましょう』だわ」。

『王子と踊り子の』のローレンス・オリヴィエ監督は、

「すべて、5歳の少女のなせる業だ」

と、マリリンを分析。しかし、サーの称号を持つ紳士だけに、童女とはケンカにならないということで、結果的には言いなりになるしかなかったようでして。モンローの言動は誰しも否定できないうえに、憎めないことが多く、ゆえに男たちはついつい言いなりに。

『バス停留所』撮影時、シネマスコープなので、彼女の意見を聞いていると、彼女の頭がカットされてしまうとローガン監督が説明した時なども、

「前のシーンで私の頭がちゃんと着いていることはわかっていたら、観客は私の頭が途中でなくなったとは思わないでしょ」と、モンローは平然と主張。監督をはじめ、スタッフ一同もタジタジで、返答に困り笑い転げるということもあったとか。

彼女の最悪の評判紛々《ふんぷん》の遅刻魔というのも、彼女に言わせれば、彼女を認めるまでに時間がかかった映画界の男たちに罰を与えているのだと煙に巻く。

「私が有名になるまで待たされた分を、私も待たせて復讐しているのかも知れないわ」

と。笑いながら拍手したくなるほどの、言い訳です。真似して使ってみたくもなりますね。女だからこそ平然と言える、少女の様な自己流ロジックを自在に使いまくるモンロー、その話術は小悪魔的で男たちは二の句もつげません。

モンローが独立プロを設立し製作した第1作目の作品。ブロードウェイの同名の作品を映画化。主演男優に舞台俳優のドン・マレー、前年舞台と映画化で話題となった『ピクニック』の映画監督ローガンを起用するという渾身の映画。男を奮起させる「女力」全開のショーガールに扮し、高い評価を得る。

『バス停留所』監督　ジョシュア・ローガン／出演　マリリン・モンロー、ドン・マレー、アーサー・オコンネル、ベティ・フィールドほか／1956年／アメリカ／95分／カラー／第14回ゴールデングローブ賞・最優秀主演女優賞、最優秀作品賞ノミネート、第29回アカデミー賞・助演男優賞ノミネート

16

気炎

ちょっと待って、
契約のことで誰か何か言わなくていいの？

自らの映画製作会社の企画、『王子と踊り子』をひっさげ、ローレンス・オリヴィエの下へと夫や関係者を引き連れ、堂々の渡英を果たすモンロー。

この折、ロンドンのエンパイア劇場でのロイヤル・コマンド・パフォーマンスご出席のエリザベス女王の拝謁《はいえつ》にも恵まれ、名声に磨きもかかります。

『七年目の浮気』『お熱いのがお好き』のビリー・ワイルダー監督の、「ヒットラーと組むようなものだった」、『バス停留所』の監督ジョシュア・ローガンからの「映画が出来上がると驚くほどいい感じなんだが、撮影中は、それはもう地獄」などなどのコメントを知り、難易度は耳にしていたオリヴィエ監督。

当初、「マリリンを愛してしまいそうだ」などと言い、甘く見ていた監督ですが、予想外の情熱と気炎で、男顔負けの押し出しを見せるモンローの意のままに。製作・監督・主演の契約を交わすことになるのです。

そのうえ、仕事が始まるや聞きしに勝る困難が、彼を見舞います。

遅刻常習犯であることはもちろんのこと、最悪なことには、監督の指示に従わないなんて！

演技派をめざし出したモンローが信頼する独自のメソッドは、監督とは真逆の方向性。彼女が師と仰ぐリー・ストラスバーグの妻、ポーラが演技指導役で片時も離れず、彼女の指示を聞くモンロー。この、映画監督を無視する行動に仰天、オリヴィエは忘れ得ない屈辱的な驚きを、恨みがましく微細に自伝に書き残すほどでした。

「ねえ、マリリン、自分の潜在力を忘れてはダメ。あなたは人間の歴史が始まって以来、もっとも偉大なセックス・シンボルなの。それに応えることが、あなたの義務であり、そうしなければ恩知らずよ。あなたは現代のもっとも偉大な女性で、人間。いえ、あらゆる時代の、そうイエス・キリストだってかなわない、あなた以上に人気のある人なんていないわ」

「あなたはね、ただコカ・コーラとフランク・シナトラのことを考えればいいのよ！」という指導に対し、「これぞ、アクターズ・スタジオの方法論なのだ！」と、痛烈に。

53年エリザベス女王戴冠式の際にローレンス・オリヴィエとヴィヴィアン・リーが上演した英・舞台喜劇の映画化。モンロー独立プロ第2弾にして、誉れ高い作品への着眼点が鋭い。あくまで天然ボケ気味のお茶目な踊り子を演じるも、権威に縛られる男に「恋」「愛」を信じさせる女らしさ溢れる傑作。

『王子と踊り子』製作・監督　ローレンス・オリヴィエ／出演　マリリン・モンロー、ローレンス・オリヴィエ、シビル・ソーンダイク、リチャード・ワッティス、ジェレミー・スペンサーほか／1957年／アメリカ／117分／カラー

17

ウイット

私はセクシーに演じることなんてないのよ、
はじめからセクシーなんだもの。

英国の名優、サーの称号もあるローレンス・オリヴィエにオファーしたのは、セックス・アイコンのイメージを脱却・返上しようというモンローの大胆な試みでした。オリヴィエと彼の妻の名女優ヴィヴィアン・リーが演じた舞台劇『眠りの森の王子』を、『王子と踊り子』として映画化することに挑むのですから、波乱含みとなることは想定内。オリヴィエが終始モンローを妻と同じように演じさせようとして、上手くいかないと、「マリリンは、元モデルだったから」と、〝見下だし〟目線。記者会見を前に、「頼むから時間どおりに来てくれないか」と懇願しつつ、「彼女の遅刻癖は、未だ明かされない彼女の複雑な化粧法にある」と決めつけるのだから、モンローも不機嫌に。二人の溝は深まるばかり。「セクシーに演じてくれないか」と言えば、ウイットに富んだ否定形でノックアウト勝ち！　英国最高峰の舞台俳優をも翻弄したモンロー、向かうところ敵なしでした。そんなすったもんだがあっても、予想外に出来上がりが良いのがモンロー効果。フランスとイタリアのオスカーにあたる賞の、最優秀主演女優賞を受賞。彼女の新しい試みは大成功でした。

18

最悪

個人的には、
私がいちばん良い演技ができたのは、
『アスファルト・ジャングル』で、
最悪は、『恋をしましょう』だわ。

モンローに恋をして、彼女をスターダムにのせようと奔走した大物エージェントのジョニー・ハイド。ジョン・ヒューストン監督作品『アスファルト・ジャングル』のアンジェラ役に売り込みます。パトロンである弁護士が悪に手を染め、愛人のアンジェラに偽証を強いるも、彼女は共犯者には成り得なかった。フィルム・ノワール的な悪女の立ち回りより、悪事に転べない純粋さを演じ、若いセクシーな魅力で一躍注目されました。一度契約を切った20世紀フォックスが再契約したほどの大成功です。メジャー・デビューを果たしました。

初心を忘れず、ハイドとヒューストン監督への感謝も忘れないところが、モンローの素晴らしさです。一方、自ら独立プロダクションを持ち、納得のいく映画づくりや役作りに臨んだ時期の『恋をしましょう』は、ハリウッドからの依頼で、内容も夫ミラーに修正させたうえでの主演でしたが、相手役のイヴ・モンタンとの実生活での恋の結末も最悪で、良い思い出はありません。

駆け出しの頃から大きく成長し、頭の良さや審美眼《しんびがん》が磨かれ、大人の女性としてのジレンマも増え、その本物志向が彼女自身を苦しめたことも事実です。

19

新人

二十歳になった頃、
自分の気持ちのなかでは、
スターへの道をのぼり続けていました。
でも、撮影所にとっては、
私は単に一人の新人にすぎなかったのよね。

スターの座を獲得した後、そのつど記者たちに心持ちを語ることは、しばしばあり、親しい友人たちには電話をかけまくるなど、彼女にとって話すことはリラックス効果があったようです。

ひとたびスターになると、周りには敵も生まれる。心を許せ、信頼できる相手になら広く胸襟を開きたい気持ちも大きかったことでしょう。晩年の彼女が、ジャーナリストでカメラマンのジョージ・バリスに語ったという新人の頃のこと。シャンパンをかたむけながらしみじみと……。

「最初の六カ月間は、演技とパントマイムと歌とダンスのクラスに通い、誰もいない舞台を見つけると、台本から暗記していたセリフを壁に向かって暗誦《あんしょう》したり、台本を家に持ち帰っては一晩中勉強したの」「人の心が過去を思い起こす能力って、自分でも本当に驚くほどだわ」と、懐かしむように過去を振り返っていたといいます。成功したからこそ心の扉を開け、駆け出し時代の苦労が語れるというもの。いえ、むしろ楽しそうに冒険譚のように話している様子。

初心を忘れない少女の様な自身の心を愛おしむかのように。

20

憑依

マリリン・モンローになるには
5時間はかかるのよ。

一人の少女ノーマ・ジーンから、大スターのマリリン・モンローになるという野望は叶いました。彼女がモンローとして登場する時は、まず、マリリン・モンローになりきる時間が「5時間」は必要だったといいます。ドレスや化粧にかかる時間のことだけでなく、完璧なプロとして、皆が望む姿、セクシーでキラキラとしたオーラに包まれ、誰もを魅了してやまない美しさで登場するには、ノーマ・ジーンからモンローへと、「魂の入れ換え」のための時間を要すということなのです。女優が、「役の彼女が私に憑依《ひょうい》する」とか、「私に彼女が降りてくる」と答えることは珍しくないことです。演技ではなく、役になり切る。それが演じるということであると。

それなら、モンロー主演の『恋をしましょう』で演じたアマンダと、世界の恋人とうたわれるイヴ・モンタン演じるジャン＝マルクのように、二人が本当に恋をしても、それが自然体というもの。その恋は二人が家庭を持っていたこともあり、大スキャンダルとなりましたが、果たして、二人が本当に恋に落ちたのか、演技の延長か、今考えても興味深いものです。

第2章

Chapter2 / Femme fatale

ファム・ファタル

恋を引きよせる、永遠の愛を信じて

マリリンは他のスターたちとは、まったく別の存在で、たまらなくセクシーなのに、とても無邪気に見える。光の輪に囲まれ、燃える炎のように輝いていた。

スーザン・ストラスバーグ（女優）

マリリンは、珍しいほど女性的で、男を誇らしくさせる魅力があった。相手にする男に合わせて、いくつもの顔を持っていたんだ。

クラーク・ゲーブル（俳優）

有名人にならなかったら、彼女は長生きできたのに。

ジム・ドアティ（M・Mの最初の夫）

こんなに（M・Mに）甘く、優しく誕生日を祝ってもらったら、もう大統領をいつ辞めても悔いはありません。

J・F・ケネディ（米第35代大統領）

マリリンは優しい女性で、彼女がそれほど本気になっていたとは知らなかった。もし、知っていたら決して、こんなかかわりはしなかった。

イヴ・モンタン（俳優）

モンローを目の前にして、その気にならないでいられる男なんて、いるわけないもの。

シモーヌ・シニョレ（女優／イヴ・モンタンの妻）

21

男

私は男の人が大好き。
ただ、誰か特別な人が
いてくれるといいのだけれど。

逆に、「私は男が嫌い」とも言っているマリリン・モンロー。その理由は、「すぐ私を口説こうとするから」ですって。口説かれるのも、好きな男なら話は別でしょうけれどね。女なら誰もが共感、同感！　特別な人がいてくれたら、毎日がバラ色ですって？　まったく、それも、そのとおり。

優しくて、たくましくて、男らしいジョー・ディマジオも特別な一人だったはず。知的で教養があってロマンチックなアーサー・ミラーも、然《しか》り。一番ハンサムだと言っていた、歌も踊りも上手で俳優としても才能があり人気が高いイヴ・モンタンも、スペシャルなオプションだったことでしょう。父親そっくりの風貌と、子どもの頃からの憧れの大スター、クラーク・ゲーブルとも実の父娘のように接して。男たちに必要とされてこそ、自分の存在理由を確認でき、ますます美しく輝いたモンロー。しかし、彼らは皆、なぜか暫《しばら》くすると去っていく。そのたび、捨て子のような気持ちにさせられ、幼少時に父親に捨てられたトラウマが蘇《よみがえ》るのですが、女である以上、いえ、最高の女と褒めたたえられる以上、異性である男たちとの良い関係をいつも願ってやみませんでした。

22

祝福

なんと、六人の私の母親が
涙を流していたのよ！
彼女たちは、私のことを
自分の娘と思ったのでしょうね、
実際、ある意味でそうでした。
彼女たちは皆、私の養母だったのですもの。

最初の結婚を実の娘のことのように喜んでくれた育ての母が、六人もいたと言うモンロー。それほど多くの里親の元を転々としたことが察せられます。淋しい思いもあったでしょうが、多くの愛をもらえたこともあったでしょう。

16歳になった頃、母親の親友でモンローの後見人となっていた〝グレイス叔母さん〟も再婚、その代わりの〝アナ伯母さん〟は、後見人になるには歳をとり過ぎていて、近所に住む20歳の青年との結婚を勧めざるを得なかったといいます。

モンローが中退した高校の、同級生の友人でもあったジム・ドアティという好人物でした。生徒会の会長も務めたキャンパスのヒーローだったそうです。

〝アナ伯母さん〟こと、アナ・ロウアーは、ウエディングドレスを作ってくれて、結婚証明書にはモンローを姪であると記載し祝福してくれたそうです。

彼女は、少女時代のモンローに最も影響を与えた女性で、モンローは有名になっても交流を続け、生涯にわたり尊敬する存在でした。

人手に預けられるたび、自分が誰にも必要とされていないのではないかという思いを強く抱いてきた少女にとって、結婚は生きていくための新たな選択であり、大人の女性としてのスタートでした。

ちなみに、モンローと別れた後、ドアティは二度再婚し子どもや孫に恵まれ幸せな人生を送ります。モンローの死後は、テレビ出演やモンローとの短い結婚生活についての回顧録を出版したり、映画製作の企画も数多く持ち込まれるなど、彼もまた、計らずも有名人になってしまったようです。

『マリリン・モンローの真実　MARILYN'S MAN』というタイトルのＤＶＤも製作され、自身も出演。新婚だった頃のモンローをリアルに語っています。

モンローから離婚を切りだされたドアティではありましたが、彼女の死後、歳月が流れれば流れるほど、恨み言など一切なく、彼女への愛と思い出は募るばかりだと語っています。

ブロードウェイのヒット作で、J・ラッセルと共にモンローがハリウッド・スターのお墨付きを獲得した「玉の輿・婚活映画」の金字塔。今もミュージカル映画の「殿堂入り作品」として、N・キッドマンなど、スター女優がリメイクを切望。「オツムが弱いと思っていたら賢いじゃないか？」というセリフに、「男たちがそれを望んでいるからそう見せているだけ」という名台詞は有名。

『紳士は金髪がお好き』監督　ハワード・ホークス／出演　マリリン・モンロー、ジェーン・ラッセル、エリオット・リード、トミー・ヌーナン、マルセル・ダリオほか／1953年／アメリカ／91分／カラー

23

誇り

もし、私の人生のなかで、
ただひとつ誇りに思うことが
あるとすれば、
それは私が一度も
囲われ女にならなかったことです。

女優のかけ出し時代は、いい役がそうそう回ってこないものです。力のある（あるいは、そう思っている）男性が、スターになりたい野心を持つ若い女性を導きたくなるのは当たり前。仕事の一環でもありますし。そこに公私混同が生まれて当然の世界なのだ。と、なると若き女性の運命やいかに……。

そんなシーン、映画やテレビ・ドラマや小説でよく目にしますね。

夢を手に入れるために、夢を叶えてくれる男には若い女性から「特別プレゼント」をあげるのも当然なのか、力ある人に服従して夢を手にするしかないのか……。ああ、部外者が心配しても仕方ない世界ですが……。

自分と同じように映画界でスターを夢見て野心を燃やす女性たちを垣間見《かいまみ》てきたモンローでしたが、自分はどんなに苦しい時でも、妾《めかけ》のような囲われ者になったことはないと胸を張るのです。つまり、ヌードモデルや、好きではない役を演じることはあっても、これも生活のため、生きていくため、自分がスターになるための道のりの一つであって、自力で働いていたことを誇りにしています。他力だけで上昇したわけではなく、たくましい女性だったんですね。

お金を恵んでもらったり、愛人となって生活を支えてもらうことは自分のプライドが許さなかったモンローは、働くことが大好きでした。そして、仕事をするなら映画の世界でと、信念を変えることはなかったのです。

彼女がまだまだ磨かれていなかった頃から、彼女の才能を見出していた大物エージェントのジョニー・ハイドは、モンローとは父親ほど歳が離れていた男性でした。彼のおかげで『アスファルト・ジャングル』に加え、大物女優ベティ・デイビスが主演する『イヴの総て』のミス・コズウェルという、まさしく女優の卵役を演じ、注目をされるようになっていました。モンローを有名スターとして開花させることが彼の夢でもあり、師弟愛を築こうとします。彼女が自分の若さや寿命を延ばしてくれたら、という期待も込めて。

そのうえ、余命が限られていることを知ると、彼女と結婚して遺産を彼女に贈ろうとまでしてします。しかし、一般的には公私共に幸運とも思えるこのチャンスを、モンローは気に入りませんでした。

男性への完全な依存や従属で夢を叶えるのではなく、自分の力でそれに近づきたいという、時代的には先進的な生き方を望んだ彼女。

「話を聞いていると嬉しくて、頼もしくて、いつまで聞いていても飽きないの」と言う若いセクシーな美女、モンローに自らの冒険譚を千夜一夜物語のように夜を共にしながら聞かせるのは、実力者の男冥利《みょうり》に尽きること。それでも、モンローは、「食べさせてもらったことなんてないのよ」と、きっぱり。「結婚には愛がなくてはならないわ」。感謝や尊敬はしていても、愛してはいないからとハイド氏からのプロポーズを辞退します。そのショックからか、心臓を病んでいた彼は、間もなく逝去。モンローがお金には転ばない、自活するためには脱ぐことも辞さなかった、凛とした女だったことは真実です。しかし、父親のような相談役であり、映画界への後ろ盾でもあったハイドを失い、彼の家族からは寿命を縮めた愛人として責められ、本気で死のうともしたモンロー。

その壊れそうな生き方もまた、彼女の側面であり、男性のみならず力を持つ者たちの保護本能をかきたてる独特の魅力がありました。この複雑さが大きなオーラを生み出し、次なる栄光への道を手繰り寄せていくのです。

24

デイト

「どう、気に入った？」

「彼は、三振したわ」

ニューヨーク・ヤンキースの打点王にして破格の記録保持者、野球界の伝説的スターとして未だ名を残すジョー・ディマジオ。キャリアが頂点に達した51年に惜しまれて引退します。現役ではなくなった野球選手は、監督になるか、TVコマーシャルに出て観る者に過去の栄光をフラッシュバックさせながらの人生を送ることになるのですが、前者を選ばず二度とユニフォームは着ないと宣言したディマジオでした。解放感の反面、孤独感を抱く日々に、モンローとの出会いは運命的でした。人生を揺さぶる女性、そう、プラチナ・ブロンドの映画女優は、まさに彼にとってのファム・ファタルとなります。

結婚は驚異の9か月で破れますが、離婚後も生涯の友となり、モンローが病気の時も彼女を助けたり、葬儀までも取り仕切ったのです。

モンローに彼を紹介した、芸能エージェントのデビット・マーシュ夫妻と共にお見合いのような夕食を共にし、帰りには何とモンローが車でディマジオを送るという初デイト。翌日のマーシュとモンローの電話での会話では、スポーツマンシップ溢れるヒーローは、極めて紳士だったことが明らかでした。

25

気遣い

大変だわ。
もう少しで、
あなたにメークを
くっつけちゃうところだったわ。

モンローの人気がゆるぎないものになった53年。前年から話題作に恵まれ、年間5本もの作品に出演した後、『紳士は金髪がお好き』で共演したジェーン・ラッセルと共に、チャイニーズシアター前に手形・足型を刻印。名実共にハリウッドスターとして殿堂入りを果たします。映画の中で歌われた、『ダイアモンドは女の子の親友』という曲も大ヒット。セクシーで可愛らしくて、誰よりも存在感があり面白いコメディエンヌは、ドル箱スターになったのです。稼げるスター誕生に、映画会社も多大な期待をかけます。

54年に再婚もし、お相手は10歳以上も年上の野球界の強打王ジョー・ディマジオ。みごとなゴールデン・カップル誕生でしたが、スター同士の結婚は上手くいかないという普遍的ジンクスを絵にかいたような結婚ですから、たった9か月で、あえなく破局。どんな時でも上から目線の亭主関白なディマジオは、妻が映画界のスターであっても問答無用。趣味も思考も噛みあわない。

結婚するとすぐに、彼の封建的な態度はあからさまで、『ショウほど素敵な商売はない』の撮影に立ち会った時などは、すぐさま不機嫌に。

そりゃあ、モンローのいでたちは派手でセクシー。被り物と言った方が良いような帽子、9センチのハイヒールを履いた彼女は、ブロードウェイの同名のタイトルのヒット作品にはないモンロー出演のために考えられた役柄ですから、お約束の演出で魅せます。170センチくらいに大きく見える、南国のバナナ売りの娘のようないでたちで、腰を思いっきり振って歌い踊る。しかも、挿入曲の『ヒート・ウエイヴ』は吹き替えだそうで、モンローは口パク演技で大わらわ。それに目くじらを立てるということが愛なのか？　結婚なのか？

それなのに、モンローは新婚の夫にえらく気を遣い、いつも目線はディマジオに向けられっ放しだったとか。

ワンシーン100万ドル以上もかけたといわれる撮影シーンはミスなど許されない場。ライトの熱気でメイクはひび割れ、体は汗びっしょりに。それでも休憩のときは一目散でディマジオの胸に飛び込み、愛し愛されることを夢見て、せいいっぱいの言葉をかけていたのです。けなげです。

『雨に唄えば』のD・オコナー、E・マーマンが主役で、モンローは映画スターとしての特別出演。脇役なのに主役より注目され、ご自慢の肉体美を駆使してファンのために熱演。結婚より仕事を優先する女優の生き方を、ストーリーの中で色濃く魅せ、ディマジオとの新婚生活破綻の予兆も感じさせる。

『ショウほど素敵な商売はない』監督　ウォルター・ラング／出演　エセル・マーマン、ドナルド・オコナー、ミッチー・ゲイナー、マリリン・モンロー、ヒュー・オブライエンほか／1954年／アメリカ／117分／カラー／第27回アカデミー賞・原案賞、作曲賞、衣装デザイン賞ノミネート

26

熱狂

生まれて初めて、
自分がうけいれられてるって感じたの。
私を見て、認めてくれて、
好意を持ってくれる人たちがいて。
初めて、自分はスターなんだって感じたわ。

モンローは、子ども時代に与えられなかった愛情を自分の力で手に入れることを決意し、多くの愛をもらうため女優になることをめざしました。自分の知らない人たちからも愛され愛でられる自分を夢見て、それを勝ち獲るために。彼女にとって、愛されることと、認めてもらうことは同義語でした。誰よりも多くの人々から認めてもらえる自分になりたいと願っていたのです。

ディマジオとの新婚旅行中、朝鮮に駐留していた米軍を単身で慰問。吐く息が白いほどの2月の寒い季節にもかかわらず、薄いドレス一枚の姿で、主演映画『紳士は金髪がお好き』で歌い大ヒットとなった『ダイアモンドは女の子の親友』を披露。その後肺炎になるほど熱演します。プロとして妥協を許さない姿勢は熱狂的で、ミュージカル・ナンバーの名曲『ドウ・イット・アゲイン』を歌うと、そのセクシャルな内容に会場は興奮のるつぼに。彼女自身も、何千という聴衆と共に絶頂感を得た喜びを隠しません。ディマジオという国民的ヒーローの愛を妻として独占しながらも、自ら大スターとして大衆から愛されるプライドは忘れたくない。そんな気持ちが、切なくも感じとれる言葉です。

27

結婚

「私、これから誰と結婚すると思う？」

「マリリン、きみはジョーと
結婚したばかりじゃないか」

「ええ、わかってるわ。

でも、アーサー・ミラーと結婚するのよ」

三度の結婚のうち、モンローの二度目の結婚相手は、ジョー・ディマジオ。国民的大リーガーで、アメリカン・ヒーローとして今に知られています。

三番目の夫となったアーサー・ミラーは、ディマジオとは真逆と言っても良い世界で活躍する劇作家。ピューリッツア賞を受賞した知識人として多方面から認められていました。彼の作品『セールスマンの死』は、時代を超えて繰り返し映画や舞台になっている名作です。「一番愛した男はミラーだった」というモンローの発言を離婚後に知り、ショックを受けたというディマジオ。しかしモンローがミラーと離婚した後は、何かとモンローを支えて相談役になり、彼女の葬儀も出したほどです。結婚は驚異的な9か月で破綻しますが、モンローの生涯の男友達となり、男の器量を見せつけました。

モンローの広報担当であったシドニー・スコルスキーとのやりとりは、なんとディマジオとの新婚旅行から戻ったばかりの時に交わされたもの。ミラーとの結婚を無邪気に予言しているようにも、心に決めているようにも受け取れます。運命を引きよせる、恐るべしは、モンローという女神。

28

退屈

退屈なの。彼といると退屈なのよ。
私は退屈するのが大嫌いなの。

この「彼」とは、結婚間もない夫となった、ジョー・ディマジオのことです。国民的ヒーローでも、家庭人として、夫として退屈な男だったとは!?

確かにモンローと結婚した頃、大リーガーの記録保持者ディマジオは引退していたのですから、ホームランをかっ飛ばす雄姿を若き新妻に見せつけて惚れさせるということはなかったでしょう。野球場にいない元野球選手なんて、そりゃあ、退屈かもしれませんね。

加えてディマジオは、本を読まなかったとか。「お馬鹿なブロンド」のコメディ女優を演じていたモンローですが、私生活では知的好奇心と欲求が旺盛。リルケの詩集からドストエフスキーまで幅広く「乱読」するような女性で、新聞もよく読んでいたと言われています。それでは、二人の話題も広がるわけがない。モンローが2度目の結婚をしていた50年代は、アメリカでも結婚後、女が専業主婦になるのは当たり前の時代です。それが女の幸せであると男も女も信じていました。広い世の中のことや社会の動きなどを、父や兄や夫から教えてもらい、男は絶対的に尊敬されていたのです。

男には、たくましく強いだけではなく、知識旺盛な知性も求められたのです。そんな中、モンローは言わばキャリア・ウーマンであり、10代の頃から自立して働いていて、学問以前に生活力を身につけ、世間を知り尽くしていたと言っても過言ではありません。

モンローが親しくしていた女優のスーザン・ストラスバーグに言わせれば、「ディマジオはとってもいい人。でも私からしたら、いい人って、魅力がなさ過ぎる人でもあるわ」と、手厳しい。

となると、いい人が夫で良い反面、実に退屈……？　これが退屈の最大の理由だったのか!?　それにしてもこの、ぜいたく極まりない不満って、モンローに限らず、一般的で普遍的な妻たちの不満そのものだったりして？

この時代に、男に対しての不満など、めったに口に出せなかった女性たちを尻目に、真実を見極めてバッサ、バッサと切り込んでいく勢いのモンローは、可愛い顔をしてはいても、実は男にとって、なかなか手ごわい相手だったようです。

ディマジオもまた、ハリウッドの生活が退屈だったと知人にもらしていたとか。結婚式に着せた服が物語るように、妻がいかにスターでも、自分以外の男に素肌を見せつけることを許さない独占欲の塊。が、離婚後、『七年目の浮気』のプレミア上映にモンローをエスコートし、永遠に最愛の男友達となる。
Mondadon/amanaimages

29

肉体美

ブラジャーってなんのこと?

ブロードウェイの大ヒット・ミュージカル、『七年目の浮気』の映画化権を、製作者と共に買い取って映画監督を手がけた、名匠ビリー・ワイルダー。一挙にモンローの名を高めた作品ですが、結婚したばかりのジョー・ディマジオとの離婚を早めたのも、この作品でした。

NYの地下鉄の通風孔の上に立つモンローのドレスが捲《まく》れあがり、彼女が懸命に抑え込む……という、有名なあの場面。大勢の野次馬が歓声を上げる中で、ロケは中断、実はスタジオで撮影・完成させたと監督は明かしています。監督は、野球界の英雄であるディマジオの大ファンだったので、現場から数ブロック近くにいた彼の感情を逆なでしないための配慮でもあったそうです。

舞台では描けなかった場面を、モンローという人気絶頂の映画女優に演じさせ大成功を収めました。ナイトドレス一枚のシーンでは、下着は不自然。はずして欲しいと頼むと、元々着けていないと、モンローはお茶目に答えたそう。「むしろ、バストは筋肉からできているので、寝ている時には絶対必要よ」と、親しい同性にはアドバイスしきり、だそう。あの肉体美は、夜のケアの賜物だったんですね。「確かに、ブラジャーは着けていなかったね。形といい固さといい、重力にさからっている具合といい、モンローの胸はそれ自体がひとつの奇跡だったなぁ」と感嘆したワイルダー監督。夫に次いで、直接モンローと間近に接することのできた幸せな「男」だったと言えそうです。女優としてのモンローの虜《とりこ》でした。

ちなみに、監督をはじめ、男たちを感嘆させる、彼女の奇跡的な肉体はたゆまぬケアあってのこと。顔と肉体を輝かすための筋肉や骨格の研究にも熱心で、俳優志望の後輩たちに親切に指導していたとか。

思い出すのは、『ショウほど素敵な商売はない』のソファーでの〝寝そべり移動〟姿。あれはもう、軟体動物！　柔らかい殻の生き物！　と言うべき生命体です。ヨガや筋肉ストレッチを欠かさない、スターとしての鍛錬《たんれん》を感じさせます。魅せるため、愛でられるための飽くなき鍛錬を。

モンロー・ウォークも骨盤を自由自在に、それこそ今注目の？「筋膜」を思い通り動かせる技にも似て。なかなか真似のできない肉体と精神力です。

T・イーウェルとの二人芝居に近い、ビリー・ワイルダー真骨頂のコメディ。モンローは天然のおとぼけで、無意識にも男を誘惑する小悪魔。キャストとしては「若い女の子」とだけクレジットされ、仕事に疲れ気味の男に若返りを促す、男が望む「若い美女」の魅力すべてを包括したかのような存在。

『七年目の浮気』監督　ビリー・ワイルダー／出演　マリリン・モンロー、トム・イーウェル、イブリン・キース、ソニー・タフツほか／ 1955年／アメリカ／ 104分／カラー／第13回ゴールデングローブ賞・最優秀主演男優賞受賞

30

王妃

この商売から
足を洗う方法が見つかって、
本当に良かったわね。

マリリン・モンローからのお祝いメッセージ！

女優のグレース・ケリーがモナコ王妃として、レニエ王子との婚約が決まったことを知り、祝福の電話をかけたそうです。

そこには、驚きのいきさつもあったのです。王位継承の時期に王子の結婚相手を探していたモナコ王室。相談を受けた海運王のA・オナシスは、衰退しかかっていたモナコの観光事業にプラスになるような、華麗で著名な女性を王妃にと、有名女優を探したとか。女優グレタ・ガルボとも親交が深かった人物に相談、雑誌『ルック』の社長、ガードナー・カウルズに乗り出してもらうことに。そこにディマジオと離婚したばかりのモンローが浮上。ディナーをしながら相談されたモンローでした。さっそく、その場でレニエ王子のことを「プリンス・レインディア（トナカイ王子）」と、お茶目にニックネームをつけて、お見合いを承諾。が、別ルートからケリーとの婚約が発表され、「プリンセス・マリリン」は、お流れに。

ディマジオとの離婚に際して、喪服の様な姿で涙ながらに、「彼は永遠のスター。私はすぐ人気が無くなるような若手女優ですもの」と、別れる相手への敬意を忘れず表明。女っぷりをあげてしまったモンローは、家庭より映画を選び、仕事に没頭。本格的女優を本気でめざし出してもいた時期、女優の道が絶たれる王妃になるわけもないでしょう。ちなみに、ケリーは映画界から身を引いて、惜しまれたものです。結婚後は公務を全うし国のために身を捧げ、名王妃として名を残します。自動車事故で悲劇的に亡くなったことは有名です。

思えば、モンローが企画・主演した『王子と踊り子』では、夜伽《よとぎ》を求められても応じることのない潔い踊り子役でした。誰にも帰属しない、奔放で自由な生き方が宿命的であったモンロー。王妃というより、彼女はむしろ女王のようで、知らないうちに男たちは従者の様になってしまうと、仕事をした監督たちは言います。ケリーへ贈った言葉の後には、もうワンフレーズがついていたかもしれません。「私は毛頭、女優から足を洗う気はないけれどね」、と。

大公に一夜の愛を求められるも上手にかわし、大公の義理の母、皇太后に気に入られ、つかのまの侍女となる踊り子のエルシー。戴冠式の祝賀パレードや舞踏会の場面は圧巻。妻を亡くして孤独な大公へのいたわりや、新国王となる大公の息子にも母親のような愛をもたらす役柄をモンローが熱演。

『王子と踊り子』製作・監督　ローレンス・オリヴィエ／出演　マリリン・モンロー、ローレンス・オリヴィエ、シビル・ソーンダイク、リチャード・ワッティス、ジェレミー・スペンサーほか／1957年／アメリカ／117分／カラー

31

恋

「君のような悲しい女は初めてだ」
「そんなこと言ってくれたのは、
あなただけよ」

道ならぬ恋に落ちた危うさの中での陶酔《とうすい》。まるで映画のワンシーンのような、アーサー・ミラーと恋に落ちたモンローの会話です。ミラーは、モンローの三番目の夫となった著名な劇作家。代表作『サラリーマンの死』はピューリッツア賞を受賞。世界的に公演され続ける名作です。既婚者であったミラーが自伝で赤裸々に残した多くのやりとりには、心ときめかされます。さすがの文学者の口からこぼれる表現に、最初はけなされたと思うものの、これこそ愛の褒め言葉であるとわかると微笑みを浮かべるモンロー。違う世界の住人同士が、互いへの好奇心から始まったという恋。間違った組み合わせかもしれないし、その関係はすぐにでも消えてしまうのではという不安もあるものの、絆《きずな》は強まるばかり。官能的な熱愛だけではなく、よく語り合ったり、沈黙も分かち合ったという本物の恋でした。アーサー・ミラーに映画人とは違う魅力を感じ、ぐいぐいと惹かれていったモンロー。映画界のスターであろうが、ずばり、自分を「悲しい女」と言ってくれる男。一人の女として認めてくれる証に違いないと、彼女の胸に刺さったその言葉に、愛される喜びが広がります。

32

求愛

「君から離れられるか考えているんだが、
わからないんだ」
「なぜ、離れなければならないの？」

モンローは、妻子のある劇作家アーサー・ミラーの知性と優しさに惹かれ、密会のたびに身の上話を聞かせます。リンカーン大統領を尊敬し、その風貌も好みだったというモンローですから、大統領によく似たミラーに理想の男性像をダブらせます。

ある日のデイトの彼女のいでたちは、マスコミやファンたちの目を逃れるため、縄編のセーターに毛糸の帽子、白と黒のタータンチェックのスカート姿。女子高生にしか見えなかったと、ミラー。

自分が孤児同然であり、精神を病んだ母親に窒息死させられそうになった記憶さえあるのだという秘密も打ち明けたそうです。孤児院に連れて行かれた時は、自分は母親がいるので、「私は孤児なんかじゃない、孤児なんかじゃないの」と訴えたことなども。

母親がいながら孤児同然であったことは悲しいことだが、しかし、里親の下で温かく育てられたこともあるのだから、決して君は孤児なんかではないと励まし諭すミラー。父性に訴えかけられ、ナイト精神を呼び覚まされた様です。

目の前の大スター、モンローと照らし合わせ、誇張されていることを差し引いたとしても数奇過ぎる彼女の生まれ育ちの境遇を考えるうち、ミラーの劇作家としての興味は無限大に広がっていったことでしょう。

「彼女がどうして、一種の時代の象徴になったのか。おそらく彼女を見る男たちは不義を働きたくなり、女たちは嫉妬で腹をたて、自分たちの日頃の生活の妥協が欺瞞《ぎまん》にすぎないと思わされ、彼女の肉体こそが真実であることを思い知らされるからなのだろう」

と、さすがの素晴らしい考察を伝記に残しているミラーです。

ドラマの作り手が作るドラマ以上に、ドラマチックな彼女の生き様に引きよせられて、モンローはミラーのファム・ファタルとなって離れません。世間からは、「頭脳と肉体の結婚」などと囃《はや》し立てられもしましたが。

ディマジオとは、言わば見合い結婚。ミラーとは大恋愛の末の略奪婚で、モンロー再再婚となりました。ミラーとの結婚生活の4年半は、本当にモンローが心血を注いで妻となり母となるために、あがいた歳月でした。ミラーの「夫力」にも敬意を表せずにはいられません。彼女の理屈は完璧で妥協を許さず、知識よりも直感や本能的に優れていたと舌を巻くこと多大で、怒った時のエネルギーは並外れ、いわゆる「山の神」のパワーが満ち満ちていたようです。特に仕事では妥協しない完全主義者でモンロー流のやり方に男性たちはキリキリ舞いさせられお手上げ状態に。夫であるミラーが間を取り持つことも多く、彼の仕事がおろそかになりかねないくらい献身を注いだのです。

一方で、甘え上手で泣き上手。動物や老人には慈愛を惜しみなく与える。そんな女らしいモンローには、最初の夫のジム・ドアティもまったく同じ評価をしています。結婚してからもミラーをパパと呼ぶことが多く、夫に父親役をも求めたモンロー。ちなみにドアティも、モンロー（当時はノーマ・ジーン）が実の父親に一度電話して冷たくされて以来、自分は彼女の父親と兄の役もすることになったと。モンローはミラーの両親にも実の娘のように甘え、並々ならぬ気遣いをしました。

ミラーと離婚してからも、ケネディ大統領の誕生祝賀会でモンローがゲストとして歌を披露した席にミラーの父親を招き、彼女がこの世を去るまで音信を絶やさなかったそうです。彼女にとって結婚は、家庭を持つことでもあり、親戚を作ることでもあったのです。ディマジオの前妻との子どもにも優しく接し、一時結婚したかった愛人フレッド・カーガーの母親とも親しくしている様子が写真や記事に残されています。愛人としてモンローを見下していた作曲家のフレッド・カーガーは、彼女に去られてから惜しくなって求婚したくなり、モンローが敬愛していた自分の母親から懇願させたという情けない話がありま す。「あなたは大好きだけど、彼のことはもう愛していないの」とモンローは極めて鄭重《ていちょう》に断ったとか。

家庭を持つなら、金持ちかどうかより、才能に恵まれ世間的評価も高く、子どもを作った場合にも元気で頭がよく、その上ハンサムな息子か、美人の娘の父親になれる男。そんな結婚願望の持ち主だったモンローでした。

でも、これは女だったら当たり前の永遠の願いであり、途中で妥協するかどうかの差があるだけ。モンローはこの点においても、成功者となりました。凄腕です。彼女が親友のスーザンと信じた魔法の言葉というのがあります。

「理想の男性を見つければ、その後は永遠の幸せが絶対に存在する」という。

しかし、結婚はゴールではなくスタートだといわれるとおり、理想的なミラーとの結婚においても、その思いは叶いません。モンローが生きた時代は、女の幸せは結婚しかないと世間的にも言われた時代。モンローが三度試してみた結果で、魔法の言葉も疑問符つきに！

「男は結婚するより、友達の方が良い」と言う名言も経験からの裏打ちでしょうか、凄い説得力です。

いずれにしても、時代に関わらず、女にとっての永遠の命題を考えさせてくれるモンローです。

33

良妻

こんなこと、もう、いや、
パパ、独りでは闘えない、
一緒に田舎に住んで、いい妻になりたい、
どんないい映画の話がきても。

ジョシュア・ローガン監督によるウィリアム・インジのブロードウェイ劇の映画化作品、『バス停留所』撮影中のモンロー。その頃、妻子ある身のアーサー・ミラーは離婚手続きに迷っていましたが、しかし、彼女の泣きじゃくるような叫びともとれるこの言葉に背中を押され、結婚を決意させられます。

仕事を辞めて、家庭を持って、あなたの妻になりたいのという宣言にしか思えない言葉ですから、彼女を愛していたら即、結婚を決めるのが男というもの。愛する男のことをパパと呼ぶのもモンロー流。

「年上の男殺し」のモンローにとって、第三番目のパパとなったミラーです。思えば実の父親と対面したことがない少女がそのまま成長し、年上の好きな男が現れたら、彼女にとってはパパなのです。近い将来、彼女が子どもを産んでくれたら、本物のパパにもなれるし、パパと呼ばれ甘えられたら、こそばゆいほどの嬉しさだったかもしれません。

ロケ中に走り出したら靴が脱げてしまい、そのシーンが撮り直しに。皆に笑われたというだけで失意に陥る完璧主義のモンロー。

「もうダメなのよ、パパ、私はダメ」と嘆かれ、思わず救ってやらねばとナイト精神を奮い立たせる男心。モンローの童女のような魅力が、ミラーのハートを鷲《わし》づかみに。この殺し文句は、モンロー最強の婚活メッセージになったわけです。ちなみに『バス停留所』は、それまでのモンローで最高の才能を見せたと、監督をはじめ、批評家やマスコミの評判も良く、56年のゴールデングローブ賞・最優秀主演女優賞候補に。ローガン監督は、グレタ・ガルボ、チャップリンと並ぶ才能だと手放しで褒めちぎり、アカデミー賞の助演男優賞にドン・マレーが候補となった名作ではあるのですが。

モンローは言わば、映画作品の中での「アゲマン」であり、映画そのものを引き立てる力を持っていることは、関わった監督全員が完成後に思い知ることなのです。が、作る間は地獄という悪評も高いモンローです。

よって、モンローにはこの作品以降も出演のオファーが続き、ミラーに宣言した言葉は、虚言と言うよりは、愛を求めるための無邪気な方便となってしまいます。何しろ彼女は女優なんですから、責められるものでもないでしょう。

30歳で公私ともに充実し、大人の女として成長したモンロー。『バス停留所』の記者会見では踊り子姿と打って変わって、ブラックドレスで知的かつスタイリッシュに臨む。今も語られる数々の名言を残し、監督たちは皆、彼女のマスコミへのサービス精神と機転の良さに舌を巻く。

『バス停留所』監督　ジョシュア・ローガン／出演　マリリン・モンロー、ドン・マレー、アーサー・オコンネル、ベティ・フィールドほか／1956年／アメリカ／95分／カラー／第14回ゴールデングローブ賞・最優秀主演女優賞、最優秀作品賞ノミネート、第29回アカデミー賞・助演男優賞ノミネート

34

愛

うちへ帰ってこないの?

結婚が破綻《はたん》寸前であったモンローとミラー。別居中のそんな時、何事もなかったかのように、いつ戻って来るのかをたずねるモンローからの電話があったとは！　モンローとしては、せいいっぱいの愛の復元メッセージを贈ったつもりでしょう。対してミラーは、猫の眼のようにクルクル変わる女心に振り回されっぱなしの心境を自伝に残しています。

「別なところに住むと言っておいたのだが、私に対する怒りを忘れてしまったのだろうか、それとも、私が受けとったほどには本気ではなかったのだろうか？」と。4年以上も連れ添った「彼女の声には、昔ながらの優しさと傷つきやすさがあって、破壊的なことは何もおこらなかったかのようだ」と訝《いぶか》りながら、「彼女が話しているとその歳月が、長いあいだ太陽にさらされて色あせた、一枚の暴力のカラー写真のようだった」、そのうえ、ついには「突然現実の過去が、人生そのものと同じに私には神聖なものになった」と、ロマンチックに自分に折り合いをつけてしまい、元に戻る気は起きなかったようです。

文学的生き方というものにも、手におえないものがあるようです。

しかし、ピューリッツァ賞まで獲得した高名なミラーに、こうまで讃えられた女はモンローしかいなかったと言えそうで、聖女として讃えているかのようです。結果的には結婚後、別れた二人でしたが、持続に限りはあっても、「大きな愛が残された」「愛は言葉に刻印された」、そう言っても良さそうです。

ちなみに、離婚後早々に、モンローのためにシナリオを書いた『荒馬と女』の撮影時、記録のため写真撮影に来ていた有名な写真集団マグナム・フォトのメンバー、インゲ・モラスと再婚したミラー。著名な写真家アンリ・カルティエ＝ブレッソンの弟子として才能を評価された、この女性との間に一男一女ももうけ、89歳の生涯を幸せに過ごしたのでした。モンローとの4年半の結婚生活はミラーにとって「めまい」のような時間であって、いかにモンローが最強のファム・ファタルであったか納得させられるばかりです。

モンローの、才能ある著名な男の妻になりたいという願望は、それだけの価値を持つ女であることの証明だった。映画にも登場する長者番付に載るような相手ではなく、知的さでの社会的名士の「玉の輿」に乗ることが、彼女のシンデレラ・ストーリー。著名な劇作家ミラーの妻にふさわしい装いが目を惹く。
TopFoto/amanaimages

35

不幸

M・Mはもう、M・Mお断り！

マリリン・モンローは、マリード・マン、つまり既婚男性は恋の対象としてはもう、お断わり！　という意思表明をして、自らに言い聞かせているのです。さすがの名言とは、こういう捨て台詞のような言葉にある、モンロー。うーむ、面白過ぎる。彼女は親しい友人にニックネームをつけることが上手でしたが、こういう謎かけのような言葉を作っては、友人たちを楽しませることも好きでした。

「笑い」をとる、とれるお茶目な女性、さばけた女性、セックスにもおおらかでありそうな、そういうイメージを自らふりまいていたモンローですから、肉体的な魅力はもちろん、男性がつい声をかけたくなるのも必然なのです。

また、溢れるユーモアのセンスは、頭が良くて回転が速くないと身につかないもの。「お馬鹿」というイメージやレッテルは、そうしておいてください、そういうキャラでお願いします、という男たちからの、ほぼ全女性に対する潜在的な願望でもあると思いますが、モンローは頭が良いからこそ、その要望に応えることができ、そういうキャラを演じて見せ、成功への「近道」を選んだのでした。（その後、そのレッテルを剝ぐことに腐心しなくてはならなかったのは悲劇的ではありましたが……）。

既婚男性の半数は幸せではないように思えてならない、だから自分の愛で、その男を幸福にしたかった……、というのは、モンローだけでなく不倫恋愛をした女性たちの理屈であることは、ほぼお約束でしょう。

結果、みごと略奪婚成功に至った既婚の恋愛相手はアーサー・ミラーでしたが、『恋をしましょう』で共演したモンタンにも愛を注いだものの、彼はモンローが思った、その不幸とも思える結婚を捨てることはなかったのです。そこで、この「M・Mお断り宣言」を自らに発令することに相成りました。

が、その後、本気になるケネディ大統領もM・Mであったのですね、幸か不幸か！　またまた、ドラマチックな道を進むモンローでした。

コール・ポーターの名曲をはじめ楽曲の数々が素晴らしく、世界の恋人と謳われた仏の国民的スター、イヴ・モンタンと共演した映画ファン待望の夢のミュージカル映画。私生活でもモンタンと恋に落ち、スキャンダルとなったが宣伝上はプラスだった!?話題が尽きないモンローの代表作。

『恋をしましょう』監督　ジョージ・キューカー／出演　マリリン・モンロー、イヴ・モンタン、トニー・ランドール、フランキー・ヴァーンほか／1960年／アメリカ／119分／カラー

36

夢

私がファーストレディになるなんて
想像できて？

女性が働くことが当たり前ではなかった時代のこと。女の子の夢は、誰もが、誰かのお嫁さんになることでした。両親もその後押しをして、できるだけ苦労のない結婚をさせようと婿選びに躍起《やっき》になり、玉の輿《こし》を望むのは悪いことでもなんでもないことでしょう。

王子様が白い馬に乗って、やって来てくれて幸せにしてくれる。ディズニーの世界で言えば『白雪姫』のように。一方で、『シンデレラ』は自力で王子の住む城に乗り込んでいく進歩的な女性。モンローは言わば後者のタイプ・米国の英雄・リンカーン大統領が理想の男性だそうで、若くして大統領をめざすJ・F・ケネディもご贔屓《ひいき》でした。二人とも超ハンサムでしたから。

女優として駆け出しの頃から有力者を引きよせる力があり、最大の武器はその肉体で、非凡と言っても良いほどの見事な創造物。マリアか天使のような顔立ち、切り札は「涙」で、男たちを、「自分でなくてはならない」という気にさせてしまう「魔力」が独特でした。いわゆるファム・ファタル、男の人生を揺さぶる運命の女です。

夫であったアーサー・ミラー曰く、その魔力は意図的なものではなく、無意識のうちの感性と本能が源だったと。彼女の野心も、企《たくら》むのではなく、そう願う。少女の渇望に近いものだから、諦めようとはしない。手に入らないとわかると怒ったり仕返しをしようとするも、しかし、これも無邪気な思いで暫くすると忘れてしまうのだと。そのミラーとは、不倫関係から略奪婚へと発展し、その恋は本気でした。

「不倫」と世間で言われる恋に、自由奔放であったモンローは、妹のように可愛がったストラスバーグの娘のスーザンに、恋愛指南することもしばしば。

「世の中は、獲物を狙ってうろつく男ばかりよ。しかもその半数は不幸な結婚をしているんだから。でも現実は、若い女のほうも女房持ちの男がつまずくのを狙ってるのよね」。男と女はそんなものと、けだしの名言を吐くモンロー。加えて、「理屈でわかっていても、自分を抑えられないのも恋愛というものだわ。まずは、私の言うことを聞いておくといいわ。でも、私がするようにしてはダメよ」と、諭しながらも、自分はタブーを破ってでも危険な恋に挑んでいく決意を自らに課しているかのよう。イヴ・モンタンや、究極のケネディ大統領との恋に身を焦がしていたことを匂わしながら……。大きな愛を求めて、人が真似してはいけないほどの恋、真似のできない恋に身を任せていったモンロー。

ケネディが大統領になる前の50年代半ばから就任後、モンローが亡くなる前までの二人の恋愛は極秘に行われ、モンローは彼に夢中で、大きな野心を抱いたかもしれません。大女優がファーストレディになってもおかしくないと。いえ、おとぎ話の『人魚姫』のような心境だったと思いたいですね。多くの女優と浮名を流してきた彼の結婚も気の毒なものと信じて、同情からの慈愛だったのかもしれないし。大統領は、周知のとおり、彼女が36歳で謎の死を遂げた62年8月5日から、1年後の63年11月22日に、46歳で暗殺によりこの世を去ります。本気で結婚を考えたかはわかりませんが、いつも上を向いて自分を輝かすための大きな夢を抱いて生きたモンロー。叶わぬ野心は諦めるより、持っていて素敵なものなのだと信じていたモンロー。ロマンチックに考えれば、モンローの後を追って、大統領もまた純愛に殉《じゅん》じたのだと思いたいものです。

第3章

スピリット

Chapter3 / Spirit

まっすぐで強い、少女のように自由奔放

成功、名誉、若さ、金、美しさ。
これら、マリリンが手にしたものこそ
誰もが欲しているものだったが、
彼女にとっては、
すべて価値のないものだった。

マーロン・ブランド（俳優）

彼女はどんな代価も要求しない。

ノーマン・メイラー（小説家）

彼女はあまりにも仕事熱心で、志が高い。
それで、どうしても緊張し過ぎるんだ。

ジョージ・アクセルロッド
（『七年目の浮気』の原作者／脚本家）

良い俳優というものは必ず、
自分の演じるキャラクターのために戦う。

ノーマン・ロステン（詩人）

セックス・シンボルでありながら、
こんなに自分の信念を命がけでつらぬいたスターは、他には一人も思いあたらない。

ポーラ・ストラスバーグ
（演技指導者／リー・ストラスバーグの妻）

彼女には生まれながらの天真爛漫さがある。
修羅場にも負けない度胸がある。彼女と一緒にいると、誰もが死にたくなくなる。彼女は女の中の女。世界で最も女らしい女だ。

アーサー・ミラー（劇作家／M・Mの三番目の夫）

37

星座

双子座はとてもいい兆しなのよ。
いつも若く、いつも学び、知識を求めるの。

双子座であることを誇りにしていたモンロー。特徴を知って驚くなかれ、モンローそのものですね。頭の回転が早く、好奇心旺盛、行動的ゆえ目立ち注目される存在。弁舌さわやかで人を言い負かし、感受性が強く、気分屋で移り気だと思われることも否めない。思春期の様な、順応しない性質で、愛と友情は同価値だそうで、仕事は創造的才能に恵まれる。が、感情的になって、ぶち壊してしまうようなところもある反面、人の幸せをいつも考え行動。何より自由を愛すると。親友スーザン・ストラスバーグも双子座で、二人の絆は運命的なものに。恋愛の相性を探ると、射手座のディマジオとは悪くはなく天秤座のミラー、モンタンとは相性抜群。しかし、自由を好む双子座だから夫にするより友だちにしておいたほうがよいのだとか。当たっています。で、ケネディ大統領こそ双子座で互いに束縛し合わない交流が理想的だとか。恋が続いていたなら二人は幸せだったことでしょう。スキャンダルを避けるため、一方的に断ち切られた絆にモンローは大きな痛手をこうむったに違いない。

想像の翼はどこまでも広がります。

38

一番

私は、誰かの二番手なんかに
なりたくない。

例えば『イヴの総て』では、大スターをめざし上昇していく女優の卵を演じ、主演のベティ・デイビスと共演したモンロー。この時は、二番手にも及ばない端役で、女優志願のコズウェル役としてスクリーンに登場しました。モンロー本人がそこにいるかのような、野心をひた隠しにした役でした。

まさしく、演じていたモンローも演じられたコズウェル嬢も、「いつまでも二番手に収まってはいられないわよ」という強い思いを抱いていたのです。

駆け出しの頃から懸命に脇役を演じ、努力家であったモンロー。よく言われたのが、スクリーンの隅にいるだけの端役であっても輝いていて人目を惹く。さらに成長する頃は、主演を喰ってしまっていると。

それは、彼女の一番をめざす野心がメラメラと燃え盛っていたからかもしれません。髪をブロンドに染め上げ、顔立ちの欠点をカバーする表情や笑い方にも気を配り、観る者を魅了していくのです。

ピンナップ・ガールからモデルを経た経験は、彼女が光と影の使い方を自在にできる力を授けました。まるで画家のように。

名前が売れて、モンローあっての主演作品が作られる頃になってくると、唯一無二のキャラクター、これぞ、マリリン・モンローたる姿かたちが完成。誰にも似ていないオリジナルで魅せます。神の創造物だと賛美する写真家や監督は大勢いましたが、結局はモンロー自身が自分をデザインして創りあげたと言っても過言ではないのです。

映画会社は往年のスターの、26歳の若さでこの世を去ったセクシー女優ジーン・ハーロウの再来、さらに遡ると、サイレント時代のセックス・シンボル、クララ・ボウに繋がる女優として売り出したかったのです。

が、モンローの目標は高く、グレタ・ガルボを信奉。セックス・アピールというものは女性には当たり前にあるものであり、セクシーさを演じるのではなく、演じることでセクシーさが醸し出されるガルボのような存在になりたいと願うのです。いつも高いハードルをめざすことは、いけないことでもなんでもないこと。

愛される存在を切望する、野心のススメをモンローから学びたいものです。

内幕ものとして演劇界を舞台に、野望を抱く女優志望の若い女性イヴが、大スターの付き人からのし上がっていく衝撃の名作。バクスター演じるイヴの名台詞、「女優がもらう喝采こそ、数えきれない人々からの愛であり、それを得るための犠牲はいとわない」は、当時のモンローの想いそのまま。

『イヴの総て』監督　ジョセフ・L・マンキウィッツ／製作　ダリル・F・ザナック／出演　ベティ・デイビス（写真・右）、アン・バクスター（写真・左）、ジョージ・サンダース、マリリン・モンローほか／1950年／アメリカ／138分／モノクロ／第23回アカデミー賞・作品賞、助演男優賞、監督賞含む6部門ほか、第8回ゴールデングローブ賞、第4回カンヌ映画祭で受賞。

39

父

私が載っている記事を父親に見せたいの。
私が誰なのか、
何をやってるのかわかるように。

マリリン・モンロー、彼女は私生児であったと言われ、5歳の時、母から俳優のクラーク・ゲーブルそっくりの男の写真を見せられ、それが実父だと聞かされます。その母親は、モンローが7歳の頃、精神を病んで病院に入院。そのためモンローは、縁戚や知人が里親となり家庭を転々とし、性的虐待も受けたというのです。また、彼女の祖母も精神病であったことで、その家系の出であることに常に不安を抱えていたと言います。自分も精神を病むに違いないと。そんな中、モデルになった頃、父親に連絡をとりましたが会うことはできませんでした。成功した頃、父を探す旅に出たそうです。が、良い結果は得られず、それを忘れたい気持ちが高じてか、「あいつったら、私とは関わりあいたくないって」という言葉を残しています。

彼女の恵まれない幼少期の話が、すべて真実かどうかは定かではありません。スターが生み出される時には、大衆の胸を打つ薄幸な物語もまた、必要になるからです。ただ、未だ見ぬ父に認めて欲しいという一途な思いで、成功への階段を昇りつめたことは想像に難《かた》くありません。

40

必死

生き残るのに必死なときは、
考える時間なんてないでしょ？

本物の女優になりたい、アーティストと呼ばれるようになりたい。モンローがそう考えるようになったのは、押しも押されもしないスターとなってからのこと。今さらなぜ？　と、周囲に問い詰められます。まずは何も考えず、映画界で名を成すことに必死だった。が、それを手にしたからこそ、次を考えることに真剣になるのだと彼女は答えます。人任せにせず、築いた地位に甘えず、向上心を忘れることなく自らを磨くことを怠らなかったのです。

「ハリウッドでも、ていねいに演技指導をしてくれ、道を切り開いてくれた人はたくさんいたけれど、それは私がおつむが弱いと思っての同情や親切心からだったと思えるの」と、鋭く自己分析。役柄のほとんどが、お馬鹿でセクシーで男を振り向かせるブロンド美人であったから、そこからの脱却が目標でした。もっと、意味ある役がやりたいの！　と。お金と名声を得たら、他に必要なのは知性であることにも留意して。

本をたくさん読み、知識を増やし、演技力も身につけたい。互角で多くの人たちと対等に交流できる自分をイメージして、「考える」ことにも真剣でした。

41

笑い

なぜ私が、
自分を物笑いの種にしているかわかる？
私が物笑いにされる前に、
自分で自分を物笑いの種に
することにしたの。

人から嘲笑される前に、自ら自分を笑いの種にする！

そうすれば、痛手がそんなにひどくなくて済むからというモンロー。有名すぎて嫉妬《しっと》されることも半端ではなく、たかがセクシー女優と、彼女を揶揄《やゆ》し馬鹿にする人々にコンプレックスを煽《あお》られ、くじけそうになることが多々ありました。その対処法が、笑われる前に自分を笑い飛ばすこと。「自殺するか笑うか、どっちかしかないんだもの」という過激な発言も。

夢と羨望《せんぼう》をはらみ、営々と王国を築くハリウッドの映画界。そこに身をおき、上昇志向をたぎらせ、成功した者だけが味わうジレンマ。過去、多くのスターが自らの命を絶つ現実から鑑《かんが》みると、モンローはどうしたら生き残れるかを賢く身につけていた女優であったことがわかります。

「辛い時は、自分を笑ってみる」。笑えている間はまだ、大丈夫!? 何だか今の時代にも通用しそうな、サバイバルな名言でもあります。

モンローが自ら命を絶ったとしたら、自分を笑う余裕がなくなったのか、いや、自殺説は誤りか？　謎を呼ぶ伝説的存在となるべく生きた女優でした。

42

信頼

私は人間よ。
私たちは、皆それぞれ
自分の得意の分野を持ち、
同時に皆ちょっぴり劣等感も感じている。
でも、それを認める人なんて
いないでしょうけどね。

上昇志向を途切れさせず、女優の道を突き進んだモンローの人間宣言にも近い言葉。多くの圧力にもめげない精神を支えてきたのは、一人の人間であるというプライドでした。

この想いを育んだのが、実の母親に代わってモンローを育てた一人、アナ・ロウアー。〝アナ伯母さん〟からは、多くの良い影響を受け、多くの愛をもらったというのです。モンローがいじめにあった時にも、彼女はこう言って励ましてくれたものだと。

「本当に大切なことは、あなたがどんな人間なのかということなの。何も心配しないで、ただ、正直に自分でありつづけさえすればいいのよ」。

生まれつきの敗残者などはいない。人間の精神力というものは、成しとげたいと願うどんなことをも成し遂げるものなのだ、と。

そんな〝アナ伯母さん〟を心から愛し、信頼を寄せたモンローでした。

43

自身

自分は、自分自身であればいい。

モンローと、マーロン・ブランドは特別だと公言していた、アクターズ・スタジオのリー・ストラスバーグ。創設メンバーであったエリア・カザン監督がジェームズ・ディーン主演、『エデンの東』の製作にあたり、スタジオでは記念チャリティ興業を催します。モンローはブランドと共に招待客の案内役を務める栄誉を授かります。カザン監督は、かつては彼女の師匠的な存在で、またそれ以上の関係もあり、この大役には少々緊張をしたようです。

が、自分らしく振る舞えばいいのだと自分に言い聞かせ、会場にフラッシュが焚《た》かれる頃には堂々とその場を仕切ります。そして、『エデンの東』のプレミア上映後、一筋の涙を流していたというモンロー。「愛されないことほどつらいことはありません。愛がないと、寂しすぎて、人間は怒りっぽくなり、心がねじけて、残酷になります」というこの映画の中のジュリー・ハリスの台詞は、彼女の心に強く響いたに違いありません。この作品はアカデミー賞で高く評価され、モンローも次第にこのような作品で深みのある役を演じたいという夢を抱くようになります。自分らしさを求めて。

44

母性

アーサーに
指一本ふれさせやしないから！

「それはまるで走って行って木に衝突するみたいだったの！　ね、わかるでしょ、すごく熱のあるときに、冷たい飲み物を口にしたような」

モンローがアーサー・ミラーと恋に落ちた時の気持ちだそうで、大変なものです。前夫のディマジオと同じく「才能ある年上の男殺し！」。彼女は本当にファザ・コンだったようですね。一方のミラーは、51年に20世紀フォックスのスタジオで『素晴らしき哉、定年！』に美人秘書役で出演中のモンローを見かけ、若くて可愛い新人女優として、舞台演出家で映画監督のエリア・カザンから紹介されます。家庭人でもあり真面目な紳士でした。

当時モンローは、仕事での拠り所であったジョニー・ハイドが亡くなり、スタジオで泣いてばかりいたところを、ハイドに代わって、ハイドの友人でもあったというカザンとの新たな師弟愛で満たされていた最中でした。モンローがミラーに急接近したのは、スターダムに登り、臆することなくミラーと親しくする自信がついてからでした。

リー・ストラスバーグとエリア・カザンがアクターズ・スタジオの創設メン

バーであったことや、アクターズ・スタジオでミラーが仕事をしている関係で、NYの演劇世界で才能を輝かせている三人の男たち皆に憧れ、彼らからも次第に認められるようになっていくモンロー。結局、ミラーもモンローに魅せられてしまう運命にあったようで、彼とつき合うようになった頃のモンローは、すでに社会的にも認められたセレブで、泣き虫転じて、人のために戦う大人の女へと成長していきました。素顔の彼女は判官びいきで、弱きを助け、強きを挫《くじ》くことに臆せず乗り出す母性強き女でした。

多くの武勇伝が伝えられていますが、下院非米活動調査委員会とともにジョセフ・マッカーシー上院議員とフランシス・ウォルター下院議員が行う、共産主義者を国家の敵として排斥する運動の矛先が、愛する男に向けられた時の行動が伝説的です。調査委員会に召喚されることになったミラーを助けようと奮起します。世の中で文化・芸術のために活躍し、大衆に愛される才能ある男たちが罪人のようにされることが許し難いと、モンローは本気で戦闘態勢に。委員会にはモンローも同伴で臨み、アーサーは冷静に発言。自分の作品の公演のために行くロンドンは、妻になるモンローが映画の仕事で訪れるのでエスコートしたいから行くのだと発言。結果、ロマンチストの共産主義者なんて世の中にいるわけはないだろうとの判断が下り、無罪放免となります。「アーサーを全面的に支持します！」というモンローの発言も大きくものを言ったそうです。取り調べ後、下院議員がモンローと記念写真を撮りたがったとか！　このあきれたおねだりは、モンローからきっぱりと断られ叶わなかったということです。

ミラー曰く、結婚してからわかったことには、モンローは、「怒ると、ストリート・ファイターみたいに強くて凶暴」なんだそう。

大きな借りを作った形のアーサーでしたが、『七年目の浮気』撮影後、モンローのおかげで酷い腰痛になってしまったと、抗議の手紙を送りつけて来たビリー・ワイルダー監督へ、モンローに代わり根気よくレターを書いて、気持ちを静めさせ彼女を助けます。二人は「知性と肉体」の結婚と騒がれましたが、相思相愛のカップルであったのです。

45

機知

「夜は何をつけて寝ますか？」

「つけるのはラジオだけ」

「何を着て寝るんですか？」

「シャネルの5番ね。

ときどきアルページュにすることも」

ジョン・ヒューストン監督は、モンローのマスコミ対応の上手さに驚かされた一人です。モンローは『荒馬と女』撮影中に飛行機で移動、記者会見を前にして機内で45分ほどで身づくろいを整え、ロケの疲れを顔に出さず準備をしたそうです。そして何より、お得意のジョークを交えたコメントを連発して場を盛り上げるのです。意地悪な質問にも「ノー・コメント」と言わず、機知に富んだセンスで応戦するところが見事だったと感心。

その時生まれたのが、今に伝えられる、この名言。

「シャネルの5番を着て寝るM・M」は、本家シャネルもびっくりの大宣伝。映画だけではなく香水のプロモーションもしてしまう（？）凄腕です。

おまけに、いつも平等、公平を気遣うことを忘れないモンローですから、実はランバンの香水を愛用していることも発言。そして、ラジオを聴きながら眠ることもお好きなのだと。

パジャマもネグリジェも着ないで全裸で香水をつけて寝るのがいい女！っていうのは、日本でもえらく流行ったものです。

でもこれって、かなりリスクが高いんです、風邪をひくリスクが。セクシーな女になるのも一苦労ってこと、やってみたらわかりますよ。

ちなみに、アーサー・ミラーも彼女と離婚後、マスコミの対処はモンローに学んだことを感謝の気持ちと共に述べています。

思えばモンローは、小さい頃から実の親と離れて暮らし、大勢の人たちに囲まれて育ちましたから、その間大人たちが交わす冗談や噂話を自然と耳にしていたおませな少女だったはずです。

学問を積んでいなくても、瞬時に気の利いたことを思いつき、笑わせたり面白がらせたりする術は、やはり彼女の境遇あってこそ育ったものと思います。機知に富んだジョークこそ、注目され、愛を求めるための知恵だったことでしょう。

モンローはまた、アーサーのことをアート、日によってはアルトゥーロ、パパなどと呼んで、ユニークなニックネームをつけては楽しむ達人だったとか。親しい間柄だということにもなるので、友人たちも彼女にニックネームで呼ばれることはうれしい様子で、フランクで、お茶目で頭の回転がすこぶる良いという印象が素顔のマリリン・モンローなのです。

イマジネーションや直感の鋭さの賜物です。

ちなみに、NY時代のモンローが、アーサーとも親しかったことから交流が始まり、亡くなる直前まで頼りにしていた詩人のノーマン・ロステンが言うには、モンローは酔うと、よく詩を書いていたのだそうです。書き残したものには、胸打たれたと言います、彼の著書にも載せてあります。

「酔いどれゼルダ」が、彼女のペン・ネームでした。

46

嘘

嘘、嘘、嘘ばっかり。
彼らがこれまで
私について言ってきたことは、
みんな嘘なのよ。

モンロー最後の主演作品にして、未完となった、『女房は生きていた』。彼女の度重なる遅刻や薬物・アルコールによる酩酊《めいてい》状態を理由に降板させられ、それが遠因での自殺説も囁かれました。しかし、亡くなる直前には映画会社と再契約も果たし、やる気充分であったことも事実だそうで。

その揉《も》め事の最中に、彼女はすべての真実を語って写真と共に出版しようと考えます。フォト・ジャーナリストのジョージ・バリスに頼んで、36歳を迎えてもなお美しいナチュラルで人間的な自身の姿を撮影。生い立ちから映画界での成功など赤裸々に語ったそうです。

それまで皆が知っているマリリン・モンロー像を覆《くつがえ》すかのように。

しかし、これも彼女の思わぬ死によって、未完の自伝になりました。

バリスは彼女の急逝《きゅうせい》を悼《いた》み、長くこれを出版することを封印。86年になってから、編集者でライターのグロリア・スタイネムによって、バリス撮影の写真と共に、当時バリスに語ったと言われるモンローの肉声を挟み込んだ評伝が発表されました。

成功者となったモンローらしく、シャンパンを傾けながら「お約束」の前ふりからスタート、語り出します。

「これは初めての本当の話なの。あなたは、それを話す最初の人なのよ」、と。まるで、子どもを寝かしつける時に母親が毎夜語り始めるお話の台詞のように。本当に、それまで語ったことがなかったかどうかは問題ではありません。話を聞いてくれる相手に対しての最高の気遣い、マナーとしての思いやり、リスペクトを大切にした、彼女ならではのご挨拶のようなものなのだから。

敬愛をもらいたかったら、先に敬愛の気持ちをあげるモンローならではのやり方です。

マフィアから追われ、女装し女性だけのバンドに紛れ込んできた、サキソフォン奏者と恋に落ち結ばれる歌手を演じ、最優秀女優賞を獲得したモンロー。「元祖・天然」の魅力で、カーティス演じる「女形」との競演は煌びやか。シャンパン片手に、ラメのドレスの着こなしも最高に素敵。

『お熱いのがお好き』監督・脚本・製作　ビリー・ワイルダー／出演　トニー・カーティス、ジャック・レモン、マリリン・モンローほか／1959年／アメリカ／120分／モノクロ／第32回アカデミー賞・衣装デザイン賞受賞、ほか5部門ノミネート、第17回ゴールデングローブ賞・作品賞、主演男優賞、主演女優賞受賞

47

名声

名声とはキャビアのようなもの。
おいしいものだけど、
食事のたびに食べてはいけない。
食べすぎると病気になることもあるから。

　この言葉は、モンローが師と仰ぐリー・ストラスバーグが、チョコレートに例えて名声が諸刃の剣であることを述べた名言で、モンローはチョコレートをキャビアに置き換えて、お気に入りの箴言《しんげん》として自らに言い聞かせ、友人たちとの会話の切り札にしていたとか。ストラスバーグのメソッドを信奉し、お気に入りの生徒となっていたモンロー。教養に溢れ、厳しくも慈愛に満ち、時に辛辣《しんらつ》な名批判の冴えが一級であったストラスバーグの一挙手、一投足を見逃すことなく観察し、彼を真似ることが喜びだったのです。

　学びは、真似から。その点も女優の彼女は呑み込みが早いでしょう。

　彼の書斎にある膨大な書籍と書棚を見た時は、彼女にとっては宝石にも値するものに思え、「ここにある知識が全部入ってしまう頭って、凄いものなのね」と言い、知的なものへの憧れを隠そうとはしなかったそうです。

『紳士は金髪がお好き』のヒット曲、『ダイアモンドは女の子の親友』は、大切なものはダイアモンドだと女の欲望をお色気たっぷりに歌いますが、実際のモンローが切望したものは、お金で買えないものばかりでした。

その中でも成長と共に身につけるべき知識や教養を渇望。

十代半ばで高校を中退して映画界で働き出し、学問する間もなかったことを悔やんで、時間さえあれば書籍や新聞を読み漁り、演劇の世界をめざすうえでも世界的文学は必読と、ドストエフスキー、シェークスピア、ニーチェ、リルケなど学校で教えるような堅苦しい作品ばかり好んで読破。周囲を驚かせます。リー・ストラスバーグや元夫アーサー・ミラーなどの教養人からの愛、これもお金では買えない宝物でした。

欲しいと願えば何でも手に入れてしまうガッツと強運もまた、彼女の才能でしたが、地位、名声、金、権力などは幼い頃不遇であったことの「平等性」として、大人の女になってから授かって良いもののはずだと、遠慮は無用。

一方では、「名声は私が身を置く世界ではないわ」と言い、一番欲しいのは、やはり愛、でした。童女の頃、親に「お月様取って来てー」と駄々をこねることができなかったノーマ・ジーンが、「マリリン・モンロー」になったなら、叶わないことはないはずと信じて、いつも願っていたのでしょうか。

大先輩のセクシー女優、グレイブルに「あなたの時代よ。バトンを譲るわ」と励まされ共演。50年代、女は自分が地位や名誉を得るための野心を抱くのではなく、金持ちの男との結婚を夢見るもの。そのために女として磨きをかけ、男を魅了する。狙いは大きく百万長者！　モンロー人気絶頂時代の1作。

『百万長者と結婚する方法』監督　ジーン・ネグレスコ／出演　マリリン・モンロー、ベティ・グレイブル（写真・右）、ローレン・バコール、デビッド・ウェイン、ロリー・カルホーンほか／1953年／アメリカ／96分／カラー／第26回アカデミー賞・衣装デザイン賞ノミネート

48

反乱

2＋2が4でなくてもいい、
ということがわかって良かったわ。

決められた枠に収まらなくてもいいのだ、それでも認めてもらえる、むしろ、そのことで賞賛されることだってある、拍手されることだってある。

女優という仕事をしているうちに、それがわかった。

もっと言えば、世間から不謹慎と思われている価値観などを、そうではないという価値観に変えることができる役割が女優という仕事であり、その使命を課せられているのかもしれないと、いつしか女優であることに自信を持てるようになっていったモンロー。

思い浮かぶのは、最愛の夫がシナリオを書いた主演作の『荒馬と女』。原題が『ミスフィッツ』、『はぐれ者たち』ですから、まさに、そのはぐれ者たる生き方を信じて進んだモンローらしい、直筆で残された日記の中の、この言葉。

ドロップ・アウトした男たちが野生の馬の狩りをする場に混ざって、馬たちを殺さないで欲しいと反発し、戦う女を演じたモンローでした。

この頃には、それまで自分が演じた、男たちが作り上げたセクシーな女性像に抵抗を感じ、女性なら誰もが持っていていいはずの性的魅力を模索。

女らしさから自然と醸し出される色気を演じたいと試みます。30代になり成長を遂げた彼女は、挑み、戦う女でもあったのです。『荒馬と女』は、そうした女性が描けたらと情熱を傾けた、彼女にとってのギラギラとした野心作だったのです。

そんな想いが、まるで思春期の不良少年・少女の独白のようなこの言葉に滲んでもいます。

失われた子ども時代、それに繋がる。早くから社会で働いた思春期をもう一度遡《さかのぼ》っては、その頃のピュアな気持ちを取り戻そうとする心の動きも感じられます。それはまた、マリリン・モンローとなって成功した、ノーマ・ジーンの言葉でもあるのです。

社会からドロップ・アウトした男たちと、離婚した美しき女の野生の馬をめぐる物語。夫ミラーが結婚生活で、女として人として、モンローを見つめ、愛をこめて紡いだ世界。社会から逸脱していても動物を慈しむピュアでナチュラルな女性像が描かれる。まさにハリウッドから逸脱したとも言える傑作。

『荒馬と女』監督　ジョン・ヒューストン／原作・脚本　アーサー・ミラー／出演　マリリン・モンロー、クラーク・ゲーブル、モンゴメリー・クリフト、イーライ・ウォラックほか／1961年／アメリカ／124分／モノクロ

第4章

Chapter4 / Love

ラブ

愛されるために、
愛したい

彼女のことを愛してしまうと信じていた。

サー・ローレンス・オリヴィエ
（俳優・映画監督）

死んだら、マリリンのところへいける。

ジョー・ディマジオ
（米・大リーガー選手／M・M二番目の夫）

彼女の凄いところは、どの男にも、
自分こそがマリリンに選ばれた男だと
思わせるところなんだ。

ロイ・クラフト
（M・Mのプレス・エージェント）

マリリンの生き方は、
敬愛すべき、捨て身で果敢だ。

サム・ショー（写真家）

マリリン・モンローはひとつの伝説だ。
全世界で彼女は、
永遠の女性の象徴になった。

リー・ストラスバーグ
（演出家／アクターズ・スタジオ主宰）

彼女が一番怖れていたことは、
彼女をセクシーだと思ってくれる大衆がいな
くなること。

アレン＝ウイットニー・シュナイダー
（メークアップアーティスト）

49

友情

セックスは、
本物の友情を手に入れやすい。

友情の絆を深めるには、セックスはとても良いものよ、と常に主張したというモンロー。たとえその親友を自分が利用していても、自分が相手に利用されているのではないかと心配する必要がない「真の友情」を極めるならばね、と。何だか哲学的というか、禅問答みたいな……。

また、「もし、相手が自分の友達だと思ったら、男にも女にも、彼らのしたいことをさせてあげるの」とも。彼女の場合、お礼と友情の印はメンタルなものだけでなくフィジカルなものも友情の証となるプレゼントなんだとか！

いわゆる男女が運命共同体的な契りを結ぶためとか、それを言い訳としたセックスのことなんでしょうか、懐が広いと言おうか、何だかもう、〝モンローの十戒〟とでも言うべきか、これぞ、モンローの世界なんですね。

元夫のディマジオが離婚後も生涯独身を通し、病気の時や彼女の葬儀までも取り仕切るなど、男と女の間に友情は成立しないという「お約束」なんかブチ壊すような「美談」を見せつけます。たくさんの異性との友情も培《つちか》えるモンロー、それはやはり人徳というもの。もう、マリア様か観音様です。

50

ファン

12歳のときから
サインが欲しくてたまらなかったの。

『七年目の浮気』の完成記念パーティでクラーク・ゲーブルに会えたモンローは、眼を輝かせ、臆せず一人のファンとしてサインをせがみます。

母親が映画会社RKOの現像所で働いていた影響で、少女の頃は近くの映画館で映画を観ることがなにより楽しみでした。そこで観るクラーク・ゲーブルの大ファンだったのです。自分を捨てた父親の写真がゲーブルにそっくりであったことから、彼はスターの中でも特別な存在でした。

新人スターであっても、その夜のパーティの中心であったモンローが、映画スターの重鎮となったゲーブルに素直にサインをせがんだというところが、何とも初々しく、好感度アップで映画界に迎えられたモンロー。

少女時代の憧れのスターと席を並べて、晴れがましい時間を一緒に過ごすことになるなんて！　でも、これは夢でもなんでもない！　これぞ成功の証。28歳のモンローが摑んだ幸せと言えるでしょう。

この出会いから7年後、自らの映画製作会社の作品『荒馬と女』に主演してもらうという夢も叶うことになるのです。

51

好み

マッチョな男ではなく、シャイな男が好き。

モンローがこう言うと、誰もが野球界のヒーロー、ディマジオと演劇界の才人アーサー・ミラーを比較して、前の夫より次の夫がいかに好みかの発言だろうと思うでしょう。奇しくもミラーとつき合い、結婚前の発言ですし。

でも残念ですが、そうではないんです。深いですね！

まず、ディマジオの素顔は職業に反して、マッチョではなかったという事実。モンローが初デートのとき、もちろん野球界を引退もしていた時期だし、まさかユニフォーム姿で来るわけないですが（笑）、スーツに身を固めた彼は、まるで代議士のようだったと。実際の彼は口数が少なく、社交的ではないし、地味で神経質で保守的だったそう。この実直さをモンローから、一緒にいて退屈だったと言われても仕方ないのかもしれません。

この言葉は、彼女の代表作となった『七年目の浮気』で、ゴールデングローブ賞・最優秀主演男優賞を獲得したトム・イーウェル演じる出版社に勤める地道な男を、モンロー扮する（まるでM・M自身をを思わせる）女の子が励ますシーンでの台詞そのものなんです（M・Mはこの映画での役名は、本当に「女の子」

です！）。

男はバカンスで先に避暑地に家族を出かけさせ、しばしの独身を楽しんでいて浮気の虫も動き出す。M・Mのような若い美人が自分を相手にするわけもないと自らのダメンズぶりをクヨクヨと回想するも、妙に元気づいたりして悶々《もんもん》とする。暑いNYでの数日間の出来事。この作品は、ブロードウェイの大当たり演目。要はモテない男のための女の口説き方指南であり、逆に言えば、若い女の子が、どう中年男の気を惹くのか、あの手この手が面白い傑作中の傑作。モンローの名演技が、名だたる賞を獲れないのは不公平過ぎです。オードリー・ヘプバーンも、エリザベス・テイラーも誰も真似のできない名演技です。

一番の見せ場である、女の子の励ましの台詞は長いのですが、モンローの台詞が流暢《りゆうちよう》なのは、彼女自身の日頃からの主張そのものだったからだそう。

「パーティに行くと、女の子たちに取り囲まれて、いかにも俺はモテモテだと、一際目立って、さっそうとした身なりのプレイボーイ風、ああいう男は好みじゃないの」

「隅っこで、一人静かに座っている紳士、シャイな男のほうに惹かれちゃう。そういう人の奥様はどんなに幸せなことだろうかなんて想像したりしてね」。

ああ、この台詞でどのくらいアメリカの男たちが救われたことか？

モンロー自身も、周囲に何度もその嬉しさを伝えていました。

「あのシーンをあんなに上手く演じられたのは、自分の喋る台詞が一語残らず信じられるものだったから。そして、まるで自分自身のことのように思えたから」と。それ以上に、原作者で脚本家のジョージ・アクセルロッドご自身が、一番言いたかったことなんでしょうね。シャイ派、頑張れ！

個人的には私も、全く同感！　ですので……。

モンローは、こうも言います。「女の人は、男の世話をするものよ」「どんな時も、女から男に優しくしてあげると男は安心するものよ」。女らしさは、それだけで充分醸し出される。そうしているうち、女の性的魅力は自然と滲み出るものだそうで。ああ、勉強になりますね。姿かたちだけなら、見た目の女らしさは誰もがなれるものですもの。

52

軽蔑

私は、私を軽蔑している人を
愛することはできません。

アーサー・ミラーと結婚、新婚旅行も兼ねイギリスに渡り、自身の映画プロダクションの映画製作も果たし、公私共に幸せの絶頂にあったモンロー。ところが、大きな衝撃に襲われます。彼の日記を読んでしまい失望のどん底に！「私を愛してるのが恥ずかしいって。初めは私のことを天使だと思ったけれど、今は自分が間違っているのがわかったって。私は彼をどんなにか失望させたかが、わかったの」と。アーサーは、慌てて、それは日記ではなく、彼の演劇作品の構想メモに過ぎないとなだめるのですが、モンローの気持ちは収まりません。確かにミラーは結婚後、自身の創作活動が中断、モンロー中心の魔法にかかったかのような日々を過ごしていました。離婚後に書き表し、モンローの死後発表した『転落の後に』のヒロイン、ブロンドのマギーは、モンローを彷彿《ほうふつ》とさせ、彼女の生きた断片が垣間見える内容で、世界中の有名な女優に演じられました。モンローを劇作家のまなざしで捉えたミラーが、彼女を軽蔑していたのかどうか……？　モンローにとっては、やはり愛する男は、「夫にするより友だち」であったほうが良かったのかもしれません。素敵なままの存在で。

53

ドレス

だめよ、そういうドレスを着るときには
下着をつけては。
ガーターベルトの線が見えるわ。

セクシーなドレスを身につける時は下着をつけないことが効果的なのだと、着こなしのコツをフランクに明かしていたモンロー。

あるパーティに出かけるため、イタリア貴族から買い受けたというマリアノ・フォルチュニーのドレスを身につける、女優スーザン・ストラスバーグを見かけます。男性には内緒のそのコツを親身にアドバイス。

メイクも手伝ってあげたそうです。それを実行したスーザンが、その夜のパーティでどのくらい注目を浴びたかと言えば、「マリリンみたいに、たくさんの男性を惹きつけることができたの」と、その効果とモンローの親身なアドバイスに大感激したとか。歴史的に今も語られる、ケネディ大統領の45歳の誕生日祝賀会でのネイキッド・ドレスのモンローの着こなしが、まさにそのお手本でしょう。彼女のグラマラスな理想の肉体美をなんら損なわない、第二の肌のようなドレスは眩いばかりでした。危うい色気の醸し出し方にはモンローの右に出る者はなし。日本でも和服の下に下着は厳禁でしたが、それも色気を出すためには正解だったのですね。

ニューヨーク時代のモンローと連れ立って、しばしば買い物に出かけたスーザンは、オシャレのコツを教えてくれるモンローに夢中でした。スターという生き物を細かく観察するがごとく、寄り添っていたのです。

フィッティング・ルームで躊躇《ちゆうちよ》なく裸になって着がえるモンローに戸惑いますが、彼女の「生」の肉体を見ることのできた数少ない女性でしょう。

また、シャネル・スーツを好んで着たスーザンでしたが、モンローは全く似合わない、なぜなら身体に曲線があり過ぎるからと鋭く指摘。イタリア系デザイナーのエミリオ・プッチがお気に入りで良く似合っていたといいます。

アカデミー賞受賞作品『ミンクの手ざわり』など、ハリウッド映画の衣装を手がけるノーマン・ノレルの作るイブニングドレスをモンローが愛用していたことからノレルのドレスに憧れ、ケネディ大統領誕生日祝賀会にも着て出かけたというスーザン。欠席していたジャクリーン・ケネディ夫人の母親から、「そのドレス素敵ね」と称賛された快挙は、彼女の宝物のような逸話です。

彼女にとってモンローこそ、リアルなファッション・アイコンだったのです。

その他、スターとして輝くためのコツを教えてくれたのも、彼女からの思いやり。「ハイヒールを買うといいわ。靴の色とストッキングの色を同じ色にして。黒には黒、肌色には肌色。背が高く見えるのよ」「髪にレモンを試してみたら？　ビールならもっといいわ。明るい色になって写真写りが良くなるの。もし効果がなくても、ビールは飲んで楽しんで」「素顔の時も、唇と頬にワセリンを塗っておくの。誰にも知られず元気そうに見えるわ」

そして、仕上げには、シャンパンが必須であることも。

「シャンパンはどんなに若くても、どんなに年寄りでも楽しめる飲み物なの」と、スターにふさわしい嗜好品として片時も離さなかったモンローのお気に入りの飲み物でしたから。

恋愛だけでなく、友情にも相愛を切に願って愛を注ぐモンローでした。

54

出産

「なんだ、あなたがマリリン・モンローだって
わかっていたら、すぐに来たのに」
「そう言ったでしょ、
でも信じてくれなかった……」

深夜の2時に獣医に電話を何度もかけ、助けを求めたモンロー。友人のノーマン・ロステンに電話しても呆れられ、「お大事に」と切られてしまう。演出家で俳優のディロス・スミス・ジュニアは驚き、自宅に駆けつける。何事かと思えば、愛猫のミツが出産をしていて、20分おきに赤ちゃんを産み落としている！　お気に入りの真っ白な絨毯《じゅうたん》が血で真っ赤！　モンローは、半狂乱で四つんばいになって必死に、その汚れを落としているという状態だったとか。

妊娠を知ったマリリンは、ミツのために出産のためのベッドを作り、音楽をかけてやり、母親のごとく親身になるも、いざ、陣痛がはじまり子猫が生まれてくるとパニック状態に。夫のアーサーから贈られた愛犬ヒューゴは吠え続け、深夜のから騒ぎとなりました。獣医がやっと往診してくれたのは翌日のことで、こんな冗談混じりの会話が交わされました。

動物を可愛がったモンローらしいエピソードです。ちなみに、愛犬のヒューゴは、離婚の際にミラーの下に引きとられたそうです！（涙）。

55

女

私は女としては失格よ。

「普通のアメリカの子どもは、幸せになるように、成功する人生を人に遅れを取らないようにと、親から育てられるもの。なのに、私は違った。だから、私には、幸せとは縁がないと思っていた。でも、名声を得た私は、素敵な男性二人と結婚することができたの」と、いう勝利にも似た喜びの言葉を残したモンロー。

さらに望むものは子どもでした。三度目の結婚でアーサー・ミラーとの子どもを生むことを本気で考えました。自分とは違う、思い切り愛を注がれる子どもを思い描いて。妊娠を知ると、「素晴らしいわ。赤ちゃんの分も食べられるのよ」と大喜び。が、二度の妊娠に恵まれたものの出産は叶いませんでした。

「結婚しても赤ちゃんを授からないのは、罰なのかも知れない」などと口に出しては自分を責めるのです。自分にはいつも厳しいモンローですが、生涯、動物や子どもに優しく接しました。晩年NYで親しく交遊したN・ロステンの娘パトリシアと写真家のサム・ショーの娘のイーディを自分の娘の様に可愛がり、ロステンが娘に創り贈った詩集『パトリシアのための歌』をモンローにプレゼントすると、彼女は愛読書として大切にしていたといいます。

56

悪夢

私の悪夢は水爆の夢よ。
あなたのは？

モンローは、セクシーな女優というキャラを演じながら、一方では社会的なことにも関心が深く、独自の意見を持った女性でした。

単刀直入、感性鋭く少女のような発言に、男たちは戸惑ったり、笑わせられたり、感心したり。ディマジオとの新婚旅行で来日した時には、広島の原爆記念館を訪問して、そのむごさを前向きに受け止めます。アインシュタインを敬愛していたモンローでしたが、文明の進化が生み出した諸刃の剣となった原爆や水爆が、いかに世界の平和を脅かすものか関心は高かったようです。

動物への愛にも並々ならないものがあり、愛犬や猫を家族として可愛がっていたことはもちろん、野良猫や犬たちへの憐れみは人一倍で、車にひかれた犬や猫などを見つけるたび、見過ごせず取り乱し、大泣きしたといいます。

漁師が釣った魚を全部海に帰してと、懇願。すべて買い取って海に戻したということも。そんな彼女の心を結婚生活の中で知ったミラーは、モンローが主演する『荒馬と女』のシナリオを書き、彼女に贈ります。「馬を殺しちゃダメ」「ドッグフードになんてしないで」「あなたたちは殺し屋よ」と、馬を狩る男たちと戦い、馬を救う女性像を生み出します。（ちなみに、モンローは描かれたロズリンという女性が気に入らず、映画も興業的には、いつものセックス・アイコンのモンローが登場しないことでヒットしなかった結果でしたが、実は彼女が望む、「ピュアな一人の女」の姿が演じられ、傑作そのものです）

人種差別にも関心が高く、黒人歌手のエラ・フィッツジェラルドの曲が大好きで、彼女の才能を早くから高く評価。エラが「モカンボ」という一流のジャズ・バーに出演を拒否されていると聞くと、自ら掛け合います。「毎晩、私が一番前の席を予約して聴きに行くから」と、出演交渉。歌手としての道を開くことに尽力。エラは、モンローを生涯の恩人と語っています。

晩年、人種の差を乗り越えて、皆仲間になるべきという人類愛と世界平和を願うメッセージを、『LIFE』誌のインタビュー記事に残しました。

そこにはまた、そう言う私を冗談扱いして馬鹿にしてはダメよ！ という言葉をまるで遺言のように添え、その直後この世を去りました。

ゴールド・ラッシュ時代、酒場の美しい歌手ケイを演じるモンロー。16歳の少年を預かり我が子のように手厚く世話をする。ミッチャム演じる少年の父親と共に冒険に満ちた旅をし、母性溢れる演技力が光る名作。私生活でも動物や子供に慈愛を注いだという、優しい彼女の素顔も見え隠れする。

『帰らざる河』監督　オットー・プレミンジャー／出演　マリリン・モンロー、ロバート・ミッチャム、ロリー・カルホーン、トミー・レティッグほか／1954年／アメリカ／91分／カラー

57

嘆き

なぜ私は、この世に生まれてきたのかしら。
なぜ私は、このように生きてるのかしら。
何を私は他人からもらい、
何を私は他人に与えているのかしら。
マンションの90階の、
ほとんど天上に住んでいても、
まるで地下のどん底の人生よ。

モンローが期待した主演作品『荒馬と女』がヒット作品にならなかったことは、モンローにとって痛手でした。

彼女への贈り物として夫ミラーが手がけてくれたシナリオができた段階で、彼女はその結果を予感してもいました。

まだ、一映画ファンだったころからスター俳優のクラーク・ゲーブルに憧れ、実の父の写真がゲーブルに似ていたことも重なり、『荒馬と女』で彼と共演できることで、何より幸せな気持ちになっていたのです。

独自の作品を企画・プロデュースできる立場だからこそ、かつての自分を引き立ててくれた『アスファルト・ジャングル』のジョン・ヒューストンに監督を依頼、ゲーブルに加え人気若手俳優で、アクターズ・スタジオの門下生同士でもあったモンゴメリー・クリフトをキャスティングしたりと、自分好みの知性溢れるアート作品に仕上がることを願って取り組んでいました。

しかし、夫のシナリオに描かれたロズリンという女は、他の男たちのように個性的で生き生きとして素晴らしいキャラクターとは比較にもならないほど女性特有のヒステリックな性格丸出しで、魅力に欠けるものだとモンローは感じてしまいます。そこには、モンローという女に対しての悪意にも近い蔑みが滲んでいて、男性目線から見た女性軽視そのものが描かれていたと。そういうシナリオの映画作品が観客の感動を得られるわけがないと主張。モンローの失意は、ミラーとの結婚生活に希望を持てなくなるところまでいってしまいます。

憧れのゲーブル本人からは、「自分の出演作品の中のベストだ!」と言ってもらっているというのに……。

加えて、『恋をしましょう』で共演し恋に落ちたイヴ・モンタンは、モンローにとってはギクシャクし出した結婚生活の一時避難場所のはずでしたが、結婚してもいいとまでモンローが本気になるものだから、火遊びとしてしか考えていなかったモンタンは、妻の女優シモーヌ・シニョレの下へと退散。そして、そういう情事もミラーとの結婚の継続にはマイナス要素となるのは必至。正式に離婚することになります。こんな風にモンロー晩年の35歳から36歳となる1年間、この間には、彼女の幸せを阻《はば》むことが次々と起きました。

ゲーブルが心臓発作で急死。父親のように敬愛していた存在が、もうこの世にはいなくなってしまう。しかも、その原因はモンローにあるとゲーブルの妻に責められます。度重なるモンローの遅刻に心臓の持病があるゲーブルの体力が尽き果てたのだと。妻の出産を前に、父親となることを願っていたゲーブルの死には、世間の同情も集まります。マスコミも書きたてました。

自分を愛してくれていたはずの三人の男たちに去られたモンローは、つくづく名声よりも何よりも、一人の女としての孤独を噛みしめるのです。

映画界の頂点を極め、世界でも知らない者はいないという著名な存在になったものの、それが何だというのだろう？　私は一人ぼっちになってしまっているではないか、という喪失感と孤独感で、愛されることも、愛する拠り所さえもなく、一人嘆くのでした。

ただ、この言葉は、モンローのようなスターでなくても、私たちの誰もがしばしば味わう現実でもあったりします。しかし、モンローは自分が世界的スターとなっていたからこそ、人一倍、人知れずの孤独感を感じたことでしょう。

愛する人、愛してくれる人がいなくなると、水をもらえない花々が枯れてしまうように、美しく咲くことも輝くこともできないではないか、とモンローの心は叫びます。

地上90階の天上から下界を睥睨《へいげい》することができていても、愛がなくては幸せではないことを痛感するばかりです。

あたかも、オペラの悲劇のヒロインの様に。

夫ミラーの作品をシナリオ化、メジャー・デビューを果たせた『アスファルト・ジャングル』の尊敬する監督ヒューストン、憧れのゲーブル、人気男優のクリフトなど、モンロー自身が企画したドリームチームを結成しての快心の作品。ゲーブルも自ら最高傑作と認め、二人の遺作となる。

『荒馬と女』監督　ジョン・ヒューストン／原作・脚本　アーサー・ミラー／出演　マリリン・モンロー、クラーク・ゲーブル、モンゴメリー・クリフト、イーライ・ウォラックほか／ 1961年／アメリカ／ 124分／モノクロ

58

仕事

私は、私の様な少数派が不当な扱いを
受けていることに、
抗議しているところです。
そのことに今、懸命です。
私たち、地上にいる数少ない星は、
ただ、輝いていたいだけなのです。

ロバート・ケネディ司法長官主催のパーティの招待に対し、欠席の電報に、心境も託したモンロー。ハリウッドのシステムにマッチしない自分のこと、同じような境遇のスター達を代表するかのように訴えています。

新作『女房は生きていた』の主演をスタートさせていたところ、遅刻や薬物、酒による身心の不安定が著しいという理由で一方的に、契約解除に見舞われ、打撃を隠せません。36歳でも美しく輝く彼女がプールで全裸で泳ぐシーンがあり、多くの雑誌の表紙は、当時の超大作『クレオパトラ』を主演する大スター、エリザベス・テイラーの写真からモンローに差し替えられ話題づくりは成功していたのにもかかわらずです。幸運にも、共演のディーン・マーティンがモンローとの共演でなければ、自分も役を降りると主張。契約再交渉となるのですが……。その最中、「私にできる唯一のことは、彼らから知らせがあるまで待つことなの」と、生かされるも、殺されるもすべて相手次第、待つことも仕事の一つである、女優業の過酷さが切実に伝わる言葉を残したのです。

59

大衆

もし、私がスターだとしたら、
大衆がスターにしてくれたってこと。
撮影所でも、誰かでもなくて、
大衆のおかげなのよ。

大衆の「いいね！」がなくてはスターではいられないことをよく知っていたモンロー。自分も下層階級からのし上がってきた人間だからだと言います。

もちろん、システムあってのスター誕生です。そのお膳立てができてからは、大衆がどう受け止めるかが大きな力を持ちます。大衆受けしない「商品」は「店先」から外され、「店先」に出ていないと忘れられてしまう運命。過酷な人気商売だから、不遇な幼少期を過ごした彼女にとっては、やりがいも感じ、体当たりの魅せ方にも臆することはなかったのです。彼女を見出した、当時20世紀フォックスの幹部で映画プロデューサーであったダリル・ザナックは、「彼女は自分でスターになったんだ」と、駆け出しから大スターになり、そしてなにより、短い人生を終えた彼女の果敢な生き方に敬意を表しています。本格的女優をめざしながらも、晩年、『女房は生きていた』で久々のライトなセクシー・コメディの主演の仕事を得て、惜しげもなく全裸を披露するのも、大衆への大サービスです。有名な俳優はいくらでもいるが、セックス・アイコンはモンローを差し置いて、他に誰がいるというのでしょう。

60

アイコン

私は自分が世界中の大衆の
ものであることを知っていた。
それは私が才能や美貌に
恵まれているからではなく、
それ以外のどんなものにも、
どんな人のものにもならなかったから。

幼かった恵まれない少女が、努力を重ねスターダムに登りつめ、人気絶頂で、惜しまれこの世を去る。大きな成長を自分で褒めて自分を励ましていた、けなげで強いモンロー。大衆から愛をもらえているから強くなれたのです。

「私は遅咲きだったけれど、それがハッピーなことだったみたい。今は、みんなが私を待ってくれて、会いたがっている。時が過ぎたら、もっと幸せになっているはず。びっくりするぐらい、私は成長したのね」。そのため、私生活を優先しての幸せは諦めた人生。三度の結婚も破局。母親になれなかったことも。それは彼女自身が言うように、誰のものにもならない天性の女優としての人生だったから。時代のアイコンとして生き、映画に殉じた女。身も魂も、一人の男のものにはならない存在。元夫のアーサー・ミラーでさえ、「彼女を意のままにすることは、果たして人にできうることなのか」と。

『女房は生きていた』を待ち望んだファンは、突然の彼女の死で願いを閉ざされます。彼女の時間は止まってしまい、劇的な死は大衆の記憶に永久保存されました。伝説となり、今も彼女は生きています。大衆の心の中に輝き続けて。

あとがき

死後、「悲劇の世界的セックス・アイコン」として神格化されていったマリリン・モンローという女優。

今回の言葉集では、極めて身近に彼女に接した（羨ましい！）人物たちが知り得る、彼女の素顔・肉声にこだわって言葉を抽出、喜怒哀楽溢れる彼女の生き生きとした人生の一コマ、一コマを見出すことができました。自身の日記に記された心の叫びにも注目しました。

私たちと変わらない一人の少女が成長して大人の女になるための「脱皮」の喜び、戸惑い、苦しみなどの様子が、リアルに浮き彫りになっています。

そこには、女に生まれ、女優になったからには、男たちはもちろん、人々から注目され、愛されるようでないと意味がない。愛されたいならば、女として何をするべきだろう、という強い思いが溢れだしていました。

そのために体も心も、頭も磨かなくては、人々を圧倒するほどの魅力は生まれない。何より美しく、若々しくいなくてはいけないのだ。女らしさとは、それをいつも意識していることで保たれ、魅せることができるという精神が貫かれていました。また同時に、そのためにも男たちの存在があってこそ女は輝ける。女としての自負、私もすっかり忘れかかっていたような気がして、彼女に叱咤《しった》された思いです。

彼女の完璧主義は、関係した人の多くが語るところですが、悪評紛々の遅刻の理由も、大衆を失望させないためのメイクや装い、気合い、オーラを身にまとうことにこだわってのことだと言うのです。

全霊を注いで演じた結果、評価が低いと、落ち込んだり、ふさぎ込んだり。スターとなる前はライバルや映画界との戦いに明け暮れ、スターの座を獲得してからは、マリリン・モンロー自身との闘いだったのです。

彼女がもう少し、世間やマスコミの無責任な批判・批評に鷹揚《おうよう》であったなら、睡眠薬やアルコールの手を借りなくても長続きできただろうに、という関係者もいました。愛されることと引き換えに、体を張って、命がけで生きたセックス・アイコンがいたということ自体、奇跡だとも言われています。

モンローの存在は演技だけにとどまらず、今も名曲として歌われ続ける楽曲でも煌《きら》めき続けます。『ダイアモンドは女の子の親友』(『紳士は金髪がお好き』より)は、後進のスターたち、例えばマドンナやニコール・キッドマンを筆頭に若手の女優やモデルにオマージュされ、踊って巧み、歌って人々を魅了したモンローはスターの鑑《かがみ》となっています。『バイ・バイ・ベイビー』(『紳士は金髪がお好き』より)や、『帰らざる河』(同名映画作品のテーマ曲へのオマージュとして、また、モンローが若くして世を去ったことを嘆き作られた『マリリン・モンロー・ノー・リターン』を直木賞作家・野坂昭如氏が歌ったことも忘れ難い)の甘い歌声は、当時子どもの私の心にまで滲みわたるものでした。彼女の「居る」映像や楽曲は、今も多くのクリエイター達を刺激し、創作に良い影響を与え続けています。

最近大ヒットした、『ラ・ラ・ランド』(16)(デイミアン・チャゼル監督/2016年度アカデミー賞最多受賞作品)は、過去、『イヴの総て』(50)『スタア誕生』(54)『アーティスト』(11)などにも描かれた、映画・演劇界のスターをめざす若い女性の成功や挫折がミュージカル仕立てになったみごとな作品でした。観た瞬間、今も「ラ・ラ・ランド」、そこに住んでいるのではないかとさえ思えるマリリン・モンローの姿が目の前に浮かび、涙しました。映像、楽曲ともモンローが活躍した時代を讃え、主演女優賞を獲得したエマ・ストーンは、マリリン・モンローが憑依しているかのようで、モンローの気配を感じてしまうのでした。

名誉、名声、お金、若さ、美しさを手に入れるためにスターをめざすのではなく、多くの人々を魅了し愉しませ、元気にさせたいために、そして自らも愛をもらい輝き続けたいということがスターなのだ。その信念を強く、より純粋に持ち続け、命絶えるまで煌めき燃え尽きたモンロー。

「私たち、地上の数少ない星たちは、ただ、輝きたいだけなのです」

という彼女の言葉は、とても切実で、美しく心に残ります。

彼女の死は、事故か、自殺か、暗殺かと言われるまでにドラマチックに語られ、亡くなり方からも、その名を伝説的にした稀有な存在でもありました。

睡眠薬の過剰摂取による事故死でこの世を去ったスターたちは、枚挙《まいきょ》に暇《いとま》がないほどで、例えば、『オズの魔法使い』や、『スタア誕生』でアカデミー賞にノミネートされた、大女優のジュディ・ガーランドもモンロー同様、遅刻や仕事での揉め事、恋愛沙汰などの果てに、47歳で睡眠薬の過剰摂取によりこの世を去ります。モンローだけが特別ではない、スターにはつきものの亡くなり方。睡眠薬は、良く眠れていないと翌日の撮影の映りに悪影響を及ぼすということで、スターの常備薬なのだとか。しかし、モンローはそれ以上に、時の大統領、J・F・ケネディ暗殺の一年前に世を去り、彼と恋愛関係があったことから、政治的暗殺説まで飛び交いました。

スターが、突然、この世からいなくなるというのは何とも衝撃的ですから、生まれや亡くなり方に哀悼の意味を込め、悲劇の大スターとして、彼女を讃えることは、彼女へのレクイエムに他なりません。

が、彼女の生き様は、悲劇的と惜しまれるだけではなく、大衆から愛をたくさんもらい、人も羨《うらや》む地位も獲得し、三度の結婚にも恵まれ望みを叶えた成功者として、子ども時代のコンプレックスに打ち勝った勝利者のものでもありました。

本書の各章の扉に載せた、モンローと繋がりのあった関係著名人・業界人の思い思いに語るモンロー像は、どれも感動的でした。当初40人の言葉が集まりましたが、スペースの関係上、載せるものを選ぶのに迷いました。どれも彼女への愛に溢れていたからです。しかも、批判めいたものにでさえ、愛が込められているのです。

なんて、彼女は愛されていたことか、と胸打たれます。

生前の自身が「神格化」されることを嫌い、ノーベル賞を辞退したという哲学者のサルトルほどの巨人までも、自分の作品『フロイト』の映画化の際に、モンローに主演して欲しかったという思いが叶わず、死を迎えた彼女へ「至上最高の女優」（1章扉部分に掲載）と賛辞を贈っているのです

しかし、「私ほど彼女を知る人間はいない」と自負する、モンローがアートと呼んで、最も愛されたかったと願った元夫アーサー・ミラーの捧げた愛は、最高のものだと思います。

離婚後書き上げ、死後上演した、『転落の後に』（演出・エリア・カザン）は、二人の愛の産物そのもの。モンローと思われるマギーという女性と、ミラーと重なる

クエンティンという男の物語で、今も世界各国で上演されています。映画監督ルキノ・ビスコンティはじめ、多くの著名な才能による演出で、多くの有名女優、日本では夏木マリも演じました。モンローは彼の子どもを生めずに苦しみましたが、ミラーは、モンローとの愛を作品に残し永遠の愛を築いたのです。

結婚指輪に刻印した、「A（アーサー）からM（マリリン）へ、今が永遠に」という誓いを守ったミラー。二人の愛は永遠のものになりました。

「理想の男性を見つければ、その後は永遠の幸せが絶対に存在する」という本著2章32番目の「求愛」の中で触れたこの言葉を信じて良いのか、いけないのかという答えを、ここに記すことができて嬉しいです。

とまれ、多くの高名な才人たちの手によって、死後も存在を絶やすことのないマリリン・モンローは、命がけで大衆を魅了し、たくさんの愛を得て、史上最高の幸せな生き方をした女であった。このことを再評価していただけたら、嬉しい限りです。

再び想い出されることは、彼女の出演作品、いずれもベッドでの濡れ場がないということ。そんなこと、大衆が願ってもいないし、許すはずもないのですが。セックス・アイコンにして、清純派だった！　マリリン・モンローでした。そして彼女もまた、愛を求めて戦う女だった！　という確信も得ました。奇《く》しくも彼女の頭文字が「M」のダブル・イニシャルであったことは、既存の拙著であるC・C（ココ・シャネル）、B・B（ブリジット・バルドー）に続く、M・MことマリリンC・モンローの言葉集が第3集として繋がったことにもなり、嬉しい思いです。彼女に深く感謝しつつ筆をおきます。

本書編纂に際して、参考にいたしました書籍や映像は、いずれも素晴らしいものでした。敬意と共に感謝いたします。

本書の執筆と編纂の後押しをしていただき、辛抱強く見守ってくださったPHP研究所元文庫出版部部長で編集長の根本騎兄さん、ご担当で、若き女性代表としてのご意見をたくさん下さりご尽力くださった北村淳子さん、ありがとうございました。また、お手伝い下さったR・Kさん、M・Yさんほか若い方々にも感謝の気持ちで一杯です。

マリリン・モンローの生き方と主な出演作品・受賞歴

1926年		6月1日、グラディス・ベイカー・モーテンセンの娘として、ロサンゼルスに生まれる。ノーマ・ジーン・モーテンセンと命名されるが、母親の離婚によって、ノーマ・ジーン・ベイカーが実名に。実父はスタンレー・ギルフォードだと言われている。誕生後すぐに、ボレンダー夫妻ほか、複数の里親の下で育てられる。
1933年	7歳	前年6歳の時、母の下に引き取られるが、この年、母親が精神を病み病院に入院。ノーマ・ジーンは再び里親に預けられたり、母の友人グレイスの下へと転々とする。
1935年	9歳	グレイスにより、孤児院に入れられる。
1937年	11歳	孤児院を出て、ふたたびグレイスの下へ。グレイスの伯母、アナ・ロウアーに手厚く育てられる。
1942年	16歳	グレイスの結婚に伴い、アナ・ロウアーも高齢のため後見人になることが不可能になり、孤児院に戻るより結婚をすすめられる。高校中退し、同高校の先輩にあたる20歳のジム・ドアティと結婚。ノーマ・ジーン・ドアティとなる。
1944年	18歳	第二次世界大戦中、ジムが徴用商船隊に加わり不在が続く中、兵器工場で働いていたところを、陸軍のカメラマンの目にとまりモデルを引き受ける。その後、エイジェントのミス・スナイブリーの下で本格的にモデルを始める。
1946年	20歳	母グラディス退院、一緒に暮らすが、7か月後には再入院。

		20世紀フォックスと契約し、芸名マリリン・モンローとして女優をめざす。ジム・ドアティとは離婚。
1947年	21歳	『危険な歳月』に端役で出演。
1948年	22歳	人気作曲家フレッド・カーガーと出会い歌のレッスンを受ける。公私にわたり交流。演技コーチのナターシャ・ライティスの指導を受け、ダンスも学ぶ。『嵐の園』に出演するも、クレジットのない端役に終わる。
1949年	23歳	『恋は楽し』に出演、「モンロー・ウォーク」を披露。セックス・シンボルとなる予兆を感じさせる。
1950年	24歳	大物エージェントのジョニー・ハイドの推薦により、『アスファルト・ジャングル』『イヴの総て』では助演女優となり、この年、5作品に出演し、クレジットなしの作品もあるものの、キャリアを重ね注目を集める。ジョニー・ハイドの死後、公私にわたる拠り所を失い、自殺をはかる。その後、『素晴らしき哉、定年!』撮影中にエリア・カザンに出会い交流を深め、アーサー・ミラーを紹介される。
1951年	25歳	『素晴らしき哉、定年!』『恋愛アパート』『結婚しましょう』ほか4作品に出演。若くセクシーな魅力で注目され、ベスト・ニュー・フェイスとしてヘンリエッタ賞を受賞。
1952年	26歳	人気上昇に伴い、『熱い夜の疼き』『ノックは無用』での助演が評価を得る。『結婚協奏曲』『モンキー・ビジネス』『人生模様』と、一年で5作品もの出演を果たす。『フォト・プレイ』賞／出世最速スター及び特別賞、『ルック』アチーブメント賞／最有望女性新人賞などを受賞。最中、過去のヌード・カレンダーのモデル時代のことがスキャンダルになるが、むしろ話題性と好感度が増し、追い風人気となる。

1953年	27歳	初主演映画『ナイアガラ』がヒット。「モンロー・ウォーク」が大注目され、「お馬鹿でセクシーなブロンド女優」として世界的に名が知れわたる。 『紳士は金髪がお好き』『百万長者と結婚する方法』では、大物女優たちと肩を並べ出演、頭角を現す。共演したジェーン・ラッセルと共に、グローマンズ・チャイニーズ・シアターに手形・足型を刻印し、スターダムの座へと登る。 ゴールデン・グローブ賞・ヘンリエッタ賞受賞。 『フォト・プレイ』誌から、その年最も人気が高かった女性スターへ贈られる賞を受賞。『プレイボーイ』初代プレイメイトとしても創刊号の表紙を飾る。問題となった23歳の頃撮ったヌード写真も中面に掲載される。
1954年	28歳	『帰らざる河』に主演。『ショウほど素敵な商売はない』出演。 『紳士は金髪がお好き』『百万長者と結婚する方法』に『フォトプレイ』最優秀女優賞受賞。 12歳年上のジョー・ディマジオと結婚。大スター同士の結婚として話題をさらう。ハネムーンに来日し、途中、朝鮮戦争で朝鮮に進駐している米軍を慰問。結婚は9か月で破局。 20世紀フォックスと対立。NYに拠点を移し、マリリン・モンロー・プロを設立。
1955年	29歳	リー・ストラスバーグが主宰するアクターズ・スタジオの門下生となって演劇を学ぶ。 『七年目の浮気』に主演。本作はゴールデン・グローブ賞・主演男優賞獲得作品となる。
1956年	30歳	独立プロダクション第1弾作品『バス停留所』主演。ゴールデン・グローブ賞・主演女優賞ノミネート。 『七年目の浮気』が英国アカデミー賞・最優秀外国女優賞ノミネート。 11歳年上のアーサー・ミラーと結婚。「知性と肉体の結婚」と言われ、世間を驚かせる。

1957年	31歳	独立プロダクション第2弾『王子と踊り子』主演。
1958年	32歳	『王子と踊り子』で英国アカデミー賞・最優秀外国女優賞ノミネート。ダビッド・ディ・ドナテッロ(イタリア)賞・最優秀女優賞受賞。
1959年	33歳	『お熱いのがお好き』主演。妊娠中に撮影に臨むも流産し、度重なる妊娠・流産に悩み失望。睡眠薬やアルコールを常用することが増える。『王子と踊り子』で、クリスタル・スター賞(フランス)最優秀女優賞受賞。
1960年	34歳	『恋をしましょう』主演。共演のイヴ・モンタンとの恋愛と離別に、失意。ジョン・F・ケネディ大統領の選挙運動中より交際が始まり、大統領就任まで続く。ミラーとの夫婦仲も険悪に。『お熱いのがお好き』でゴールデン・グローブ賞・最優秀主演女優賞受賞。その栄誉を讃えられ、ハリウッド・ウォーク・オブ・フェイムに名前が埋め込まれる。
1961年	35歳	ミラー脚本の『荒馬と女』に主演。完成後、共演のクラーク・ゲイブル死去。ミラーと正式離婚。この頃より、ロバート・ケネディとの交際が噂される。
1962年	36歳	20世紀フォックスの作品『女房は生きていた』の主演・撮影中、睡眠薬やアルコール依存や遅刻を理由に、契約解除されるも、再契約に奮起。最中の5月19日のケネディ大統領45歳の誕生祝賀会でゲストとして「ハッピー・バースデイ」を披露して祝う。契約再開叶うが、8月5日、ブレントウッドの自宅で睡眠薬の過剰摂取で、この世を去る。ゴールデン・グローブ賞で、世界で最も愛された女優としてのヘンリエッタ賞に輝いた。死後も数々の賞が贈られ1999年には、米フィルム・インスティチュート100年の歴史の中で、最も偉大な女優ランキング100の6位となった。

[参考書籍・映像などの資料一覧]

『MARILYN　INTIMATE EXPOSURES』Susan Bernard ／ STERLING New York
『Marilyn A BIOGRAPHY』Norman Mailer ／ Grosset & Dunlap,inc.
『Marilyn Monroe Gone, but not Forgotten』／ World Publications Group
『MARILYN&ME』Susan Strasberg ／ A Time Warner Company
『マリリン・モンローとともに　姉妹として、ライバルとして、友人として』
スーザン・ストラスバーグ　山田宏一・訳／草思社
『女優志願』スーザン・ストラスバーグ／晶文社
『マリリン』グロリア・スタイネム　道下匡子・訳／草思社
『マリリン・モンロー　魂のかけら　残された自筆メモ・詩・手紙』
スタンリー・バックサル、ベルナール・コマーン・編　井上篤夫・訳／青幻舎
『M・A・R・I・L・Y・N　マリリンと友だち』
ノーマン・ロステン　畑中佳樹・訳／文藝春秋
『マリリン・モンロー』亀井俊介／岩波新書
『アーサー・ミラー自伝〔上〕』アーサー・ミラー　倉橋健・訳／早川書房
『アーサー・ミラー自伝〔下〕』アーサー・ミラー　倉橋建・訳／早川書房
『アーサー・ミラーⅣ転落の後に／ヴィシーでの出来事』アーサー・ミラー　倉橋健・訳／ハヤカワ演劇文庫
『エリア・カザン自伝　上』エリア・カザン　佐々田英則、村川英・訳／朝日新聞社
『エリア・カザン自伝　下』エリア・カザン　佐々田英則、村川英・訳／朝日新聞社
『王になろうとした男　ジョン・ヒューストン』
ジョン・ヒューストン　宮本高晴・訳／清流出版
『大リーガーの愛と孤高　ジョー・ディマジオとマリリン・モンロー』
ジョセフ・ダーソー　宮川毅・訳／ベースボール・マガジン社
『ビリー・ワイルダー　自作自伝』ヘルムート・カラゼク　瀬川裕司・訳／文藝春秋
『一俳優の告白　ローレンス・オリヴィエ自伝』
ローレンス・オリヴィエ　小田島雄志・訳／文藝春秋
『ブロンド（上）　マリリン・モンローの生涯』
ジョイス・C・オーツ　古屋美登里・訳／講談社
『ブロンド（下）　マリリン・モンローの生涯』
ジョイス・C・オーツ著　古屋美登里・訳／講談社
『マリリン・モンローと原節子』田村千穂著／筑摩書房
『ブリジット・バルドー 女を極める60の言葉』髙野てるみ／ PHP 研究所

『マリリン・モンロー　ラストシーン』VHS ／フォックスビデオジャパン
『モンタン、パリに抱かれた男』VHS ／ハピネット・ピクチャーズ
『マリリン・モンローの真実　MARILYN'S MAN』DVD ／アートポート

本書の本文及び年表などの記載につきましては、史実や事実に諸説ある場合は、多数の資料の表記を採用、また、わかりやすい表現に一部修正した箇所もあります。

著者紹介
高野てるみ（たかの　てるみ）
映画プロデューサー、エディトリアル・プロデューサー、シネマ・エッセイスト、株式会社ティー・ピー・オー、株式会社巴里映画代表取締役。
東京都生まれ。美大卒業後、新聞記者、『anan』など多くの女性誌の編集者・ライターとなる。
その後、雑誌・広告の企画制作会社「ティー・ピー・オー」を、次いで洋画の配給・製作会社「巴里映画」を設立、代表取締役として運営。多くのフランス映画の配給を手がける。
文京学院大学非常勤講師として映画論をレクチャー、他に自治体、カルチャーセンターなどをはじめとする多くの映画関連のセミナーや講演、映画関連メディアに執筆も。
著書に、『ココ・シャネル 女を磨く言葉』『ブリジット・バルドー 女を極める60の言葉』『ココ・シャネル 凛として生きる言葉』（以上、ＰＨＰ文庫）、『あなたを変えるココ・シャネルの言葉』（イースト・プレス）、読書推進運動協議会の2014年「若い人に贈る読書のすすめ」選定図書となった『恋愛合格！ 太宰治のコトバ66』（マガジンハウス）、編著書に『映画配給プロデューサーになる！』（メタローグ）などがある。

【巴里映画ホームページ】
http://www.pariseiga.com/pariseiga/company.html

【高野てるみフェイスブック】
https://www.facebook.com/terumi.takano.7

本書は、書き下ろし作品です。

本文デザイン　榎本太郎（7X_NANABAI.inc）
P.3写真　Gane Komman/Photo12/amanaimages
写真協力　（公益財団）川喜多記念映画文化財団
※一部、特別な記載があるものを除く。

ＰＨＰ文庫　マリリン・モンロー 魅せる女の言葉

2017年11月15日　第1版第1刷

著　者　高野てるみ
発行者　後藤淳一
発行所　株式会社ＰＨＰ研究所
東京本部 〒135-8137 江東区豊洲5-6-52
第二制作部文庫課 ☎03-3520-9617(編集)
普及部 ☎03-3520-9630(販売)
京都本部 〒601-8411 京都市南区西九条北ノ内町11
PHP INTERFACE https://www.php.co.jp/
組　版　有限会社エヴリ・シンク
印刷所　共同印刷株式会社
製本所　東京美術紙工協業組合

 ISBN978-4-569-76776-5